Die türkische Küche

Die türkische Küche

Rezepte aus dem Osmanischen Reich

Text Sarah Woodward
Foodfotos Jan Baldwin

CHRISTIAN VERLAG

Aus dem Englischen übersetzt von Andrea Hamann

Redaktion und Herstellung: RvB Graphic Services
Umschlaggestaltung: Caroline Georgiadis, Daphne Design

Druck und Bindung: Toppan Printing, China
Printed in China

ISBN 3-88472-528-9

HINWEIS

Inhalt

Einleitung Ein türkisches Festmahl beginnt in der Regel mit einem Schälchen Suppe, die, wie schon im alten Byzanz, mit Ei und Zitrone gebunden ist. Es folgt eine reiche Auswahl *meze*, leckere kalte oder warme Vorspeisen – vielleicht syrischer Auberginen-„Kaviar" aus dem Fruchtfleisch gebackener Auberginen, das mit Gewürzen und Olivenöl angemacht ist; eisgekühltes *cacık* (in Griechenland und bei uns eher als *tzatziki* bekannt) aus Joghurt, Gurkenstückchen und Knoblauch; Ziegenkäse aus Mazedonien mit ein paar dicken schwarzen Kalmata-Oliven; frische mit Reis und Nüssen gefüllte Weinblätter vom Balkan und dazu frisch gebackenes mit Sesam bestreutes Fladenbrot. Danach werden gern kleine Teigtaschen serviert: etwa *sanbusak* aus dem Libanon, goldbraune Päckchen, in denen sich eine Füllung aus Fleisch, Pinienkernen und Rosinen verbirgt, oder türkische *böreği* aus hauchfeinem Blätterteig mit delikater Käse-Füllung. Als Hauptgericht bietet sich Tscherkessisches Huhn an mit einer dicken Knoblauch-Walnuss-Sauce sowie in Olivenöl gebratene Auberginenscheiben mit Joghurt, der mit Paprika, Knoblauch und Minze gewürzt ist, oder über Holzkohlenglut gegrillte Spieße (*kebabı*) mit Stücken von saftigem Lammfleisch oder festem Schwertfisch und aromatischen frischen Lorbeerblättern und dazu ein mit Safran verfeinerter Reis-Pilaw. Am Ende des Menüs labt man sich an Kirschen auf zerstoßenem Eis. Und natürlich darf abschließend auch ein Tässchen türkischer Kaffee und ein Stückchen *baklava* nicht fehlen – alles Speisen, die durchaus eines Sultans würdig sind, die man aber heute überall an den Küsten des östlichen Mittelmeeres und in seinem gebirgigen Hinterland findet – das kulinarische Erbe der jahrhundertelangen osmanischen Herrschaft in dieser Region.

Kurzer Abriss der Geschichte des Osmanischen Reiches

In seiner Blütezeit im 16. Jahrhundert erstreckte sich das Osmanische Reich in Ost-West-Richtung von Bagdad bis nach Tripolis und in Nord-Süd-Richtung von Budapest bis nach Kairo. So machthungrig die Osmanen auch waren, so wenig waren sie versessen darauf, den unterdrückten Völkern ihren Lebensstil aufzuzwingen. In ihrem Reich gab es nie eine gemeinsame Sprache und anfänglich nicht einmal eine einheitliche Zeitrechnung. Christen und Juden lebten einigermaßen friedlich neben den herrschenden Muslimen. Das Hauptanliegen der Osmanen war der Tribut, den sie von den besiegten Völkern verlangten – in Form von Gütern ebenso wie in Form von Menschen. Schon frühzeitig forderten sie von jeder Familie auf dem Balkan einen Sohn, der in der Hauptstadt zum Soldaten ausgebildet werden sollte: Aus ihnen entstand das Elitekorps der Janitscharen.

Auch die Sklavinnen im Harem des Palastes stammten aus eroberten Ländern, da eine Frau türkischer Herkunft nicht versklavt werden konnte. Folglich waren die Mütter aller Sultane nichtmuslimische und nichttürkische Ausländerinnen. Der erste Sultan, der eine Sklavin ehelichte, war Süleiman „der Prächtige", der die von Tartaren ent-

führte Tochter eines russisch-orthodoxen Priesters, Roxelana, zur Frau nahm. So wurde das Osmanische Reich zu einem wahren Schmelztiegel verschiedener Völker und Kulturen – und das natürlich auch in kulinarischer Hinsicht.

Die Ernährung spielte bei den Osmanen eine wichtige Rolle. Schon in den Anfangstagen ihrer Eroberungszüge, lange vor Napoleon, war ihnen bewusst, dass Soldaten mit leerem Magen keine guten Marschierer sind. Sogar die Rangbezeichnungen der Janitscharen-Offiziere waren der Küche entlehnt: So gab es beispielsweise bei den unteren Dienstgraden den Suppenkoch und bei den höheren Rängen den Oberkoch wie auch den Oberwasserträger. Der Suppenkessel, in dem die Eintopfgerichte, die *firin*-Kebabs *(kebap* ist eigentlich

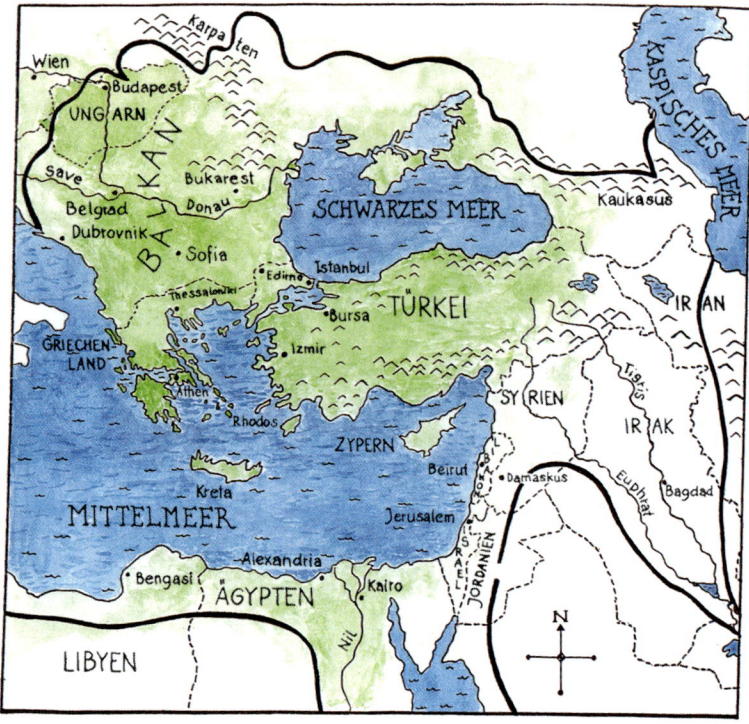

Das Osmanische Reich im 17. Jahrhundert.

Die in der Metropole lebenden Osmanen mussten einen enormen Appetit gehabt haben. Aus Aufzeichnungen aus der Mitte des 17. Jahrhunderts geht hervor, dass dort täglich 250 Tonnen Brot gebacken wurden, allmonatlich 18 000 Ochsen und alljährlich 7 Millionen Schafe und Lämmer auf die Schlachtbank kamen, von denen ein Zehntel an den Palast geliefert wurden. Ein französischer Reisender, Aubry de la Motraye, vermerkte, dass im Serail allein 100 000 Tauben pro Jahr verzehrt wurden, und in einem Manuskript aus dem Jahr 1660 sind Lieferungen an die Vorratskammern des Palastes aufgelistet, darunter eine Eingangsbestätigung von fast 1000 Kilogramm Gewürznelken und Muskatnüssen sowie knapp 100 Kilogramm Safran. Die Gewürze waren vermutlich zum Aromatisieren der köstlichen Pilaws bestimmt, die die Sultane offenbar besonders schätzten.

Um diesen gewaltigen Appetit zu stillen, entluden jedes Jahr mehr als 2000 mit Nahrungsmitteln beladene Großsegler ihre Fracht an den Kais des Goldenen Horns. Die Osmanen selbst waren nicht sonderlich am Handel interessiert – den eigentlichen Handel überließen sie den von ihnen unterworfenen Völkern, insbesondere den Dubrovnikern, den Armeniern und später den aus Spanien vertriebenen Juden –, aber sie waren zweifellos Befürworter des freien Handels. Bei vielen ihrer militärischen Einsätze ging es allein darum, von den Venezianern, ihren Hauptrivalen auf den

nur die Bezeichnung für ein kleines Stück Fleisch), gekocht wurden, genoss größte Wertschätzung und wurde gehütet wie die Regimentsfahne. Der Verlust des Suppenkessels konnte die Todesstrafe nach sich führen.

Die Hauptstadt Konstantinopel (heute Istanbul) an der Nahtstelle zwischen Europa und dem Vorderen Orient war schon in byzantinischer Zeit berühmt gewesen als das Tor nach Asien. Unter den Osmanen lag sie im Zentrum des Reiches; hier kamen all die Reichtümer aus den eroberten Ländern zusammen.

Meeren, Handelsrouten zu übernehmen. Nachdem die Osmanen die Kontrolle über das gesamte östliche Mittelmeer erlangt hatten, begannen sie, aus ihrem Reich und auch von außerhalb seiner Grenzen die besten Nahrungsmittel herbeizuschaffen. In allen größeren osmanischen Städten entstanden Märkte, die bereits im 16. Jahrhundert von westlichen Reisenden gerühmt wurden. Aber nirgends war das Angebot so überwältigend wie in den Basaren von Konstantinopel. Allein der Große Basar hatte 67 Hauptgassen und annähernd 4000 Verkaufsstände. Man bekam dort Gewürze aus dem Orient, Kaviar aus dem Schwarzen Meer, Butter aus Moldawien, Oliven und getrockneten Fisch aus Griechenland, Früchte und Nüsse vom Balkan, Datteln aus Ägypten und sogar lebende Forellen aus den Flüssen Mazedoniens.

Die Köche des Palastes kauften auf den Märkten die Bestände an exotischen Zutaten auf, um immer anspruchsvollere Menüs zu kreieren. Die Festmahle, die den hohen Gästen des Palastes aufgetischt wurden, waren für ihre Opulenz berühmt. Aufzeichnungen aus dem 17. Jahrhundert zufolge war der venezianische Botschafter Giorgio Battista Donado ziemlich schockiert, als er sich auf einem Bankett mit 130 Gängen konfrontiert sah. Doch ging es dabei nicht allein um Prasserei. Man hatte sich mit wahrer Hingabe den Gaumenfreuden verschrieben und war ständig bemüht, Gerichte noch weiter zu verfeinern. Speisen und Getränke

wurden in dichterischen Lobgesängen gerühmt, dargeboten inmitten der idyllischen Szenerie des Palastes mit seinen plätschernden Brunnen und von Kerzen illuminierten Tulpen, die den Hof symbolisierten. Später sollten westliche Besucher, überwältigt von der Pracht des Sultanats, diese Festgelage voller Ehrfurcht beschreiben.

Das Osmanische Reich wuchs rasch zu einem Imperium von gewaltiger Ausdehnung heran. Doch schon bald sollte sein allmählicher Niedergang einsetzen, der sich über die folgenden 300 Jahre hinzog bis zum endgültigen Untergang des Reiches am Ende des Ersten Weltkrieges. Als die Sultane durch immer neue schaurige Berichte über

Iznik-Fliesen im Topkapı-Palast in Istanbul.

9

Brudermorde, Massenhinrichtungen und Wahnsinn von sich reden machten und das einst unschlagbar erscheinende Heer Belagerungen nicht mehr standhielt und Schlachten verlor, büßte das Ansehen der Osmanen stark an Glanz ein. In seinen ruhmreichen Jahren hingegen war das Reich nicht nur wegen seiner enormen Größe, sondern auch wegen seines ausgesprochen kosmopolitischen Charakters bemerkenswert. Die Osmanen übernahmen das Beste von den verschiedenen Nationen, die ihrem Reich angehörten. Das zeigt sich nirgends so deutlich wie in ihrer Esskultur.

Die Osmanen waren also keineswegs immer die Erfinder jener Speisen, die heute zu den Klassikern der Küche der östlichen Mittelmeerregion zählen.

Baklava beispielsweise stammt aus Armenien, *avgolémono* hat byzantinische Ursprünge und selbst die Teigpasteten, *böreği*, für die die Türken schon lange berühmt sind, basieren auf den Klößen, wie man sie in der Mongolei und China aß, von wo aus die Turkstämme nach Westen aufbrachen. Aber die Osmanen waren nicht bloße kulinarische Plagiatoren, sie waren auch leidenschaftliche Feinschmecker und perfektionierten in ihren Palastküchen die aus allen Ecken und Winkeln des Reiches zusammengetragenen Rezepte. Als frühe Verfechter multiethnischer Kochkunst entwickelten sie aus den kulinarischen Traditionen der gesamten östlichen Mittelmeerregion eine der vorzüglichsten Küchen der Welt.

Einige Anmerkungen zu der Rezeptauswahl und den Zutaten

Dies ist keine Sammlung von originalgetreuen Rezepten aus den Palastküchen zur Zeit der osmanischen Sultane. Mir ging es einfach darum, die Gemeinsamkeiten der kulinarischen Traditionen der heutigen Türkei und seiner Nachbarstaaten aufzuspüren und hier wiederzugeben. Wo ich ähnliche Gerichte in einst osmanisch beherrschten Ländern gegessen habe – sei es in Syrien, im Libanon, in Griechenland oder auf dem Balkan – habe ich das vermerkt.

Wann immer ich mit Kennern (mit denen ich meist über den Wirt oder die Gäste eines Restaurants in Istanbul in Kontakt kam) über die gemeinsamen osmanischen Wurzeln der türkischen Küche sprach, wies man mich darauf hin, dass diese sehr zeitaufwendig sei. Das erklärt sich aus dem Streben der Palastköche nach immer raffinierteren und damit immer komplizierteren Zubereitungen. Ich persönlich habe weder die Zeit noch Lust, eine Makrele auszuhöhlen, um sie

Lackmalereien auf einer Holztäfelung im Harem des Topkapı-Palastes in Istanbul.

anschließend mit Nüssen, Reis und Gewürzen zu füllen, oder eine Wachtel zu entbeinen und dann in eine Aubergine zu stecken – auch dies zwei klassische osmanische Gerichte. Und ich führe auch nicht das Leben einer Bäuerin in der heutigen Türkei, die sich alljährlich im Herbst dem Einlegen und Einmachen widmet und ansonsten mit Hingabe tagtäglich Mann und Kinder bekocht.

Ich habe daher beschlossen, in dieses Buch nur solche Rezepte aufzunehmen, die ich für unkompliziert und praktikabel halte – und natürlich für besonders schmackhaft. Es kommen nur einige wenige ungebräuchlichere Zutaten vor; Granatapfelsirup mag dazu gehören. Aber ich verspreche Ihnen, die Mühe, nach ihm zu suchen,

lohnt sich. Einige Dinge sollte man besser einfach in einem guten Spezialgeschäft fertig kaufen, so etwa *lokum* („Türkische Wonne" oder „Klassischer Türkischer Honig") oder auch das eine oder andere eingelegte Gemüse. Im Großen und Ganzen dürften die Zutaten aber leicht erhältlich sein, zumal da fast jede Stadt heute über türkische Lebensmittelgeschäfte verfügt.

Sofern nicht anders angegeben, sind alle Rezepte für **4 Personen** berechnet. **Allergiker** und andere, die aus gesundheitlichen Gründen bestimmte Nahrungsmittel meiden müssen, seien darauf hingewiesen, dass einige Rezepte nicht ganz durchgegarte Eier oder auch Nüsse bzw. Nussprodukte enthalten. Ferner ist mit nicht spezifiziertem **Paprikapulver** in den Rezepten stets türkischer roter Paprika *(kırmızı acı biber)* gemeint. Als Ersatz kann man scharfen Rosenpaprika verwenden.

Erfrischendes zum Frühstück

Suppen zum Frühstück sind nicht gänzlich unbekannt in der Küche der Türkei und seiner Nachbarn im östlichen Mittelmeerraum, beliebter – zumindest in den Sommermonaten – sind jedoch eine Schale Joghurt, eine dicke Scheibe Wabenhonig und Fruchtmarmeladen aus Aprikosen, Quitten, Feigen, Orangen oder Zitronen. Aber auch das würzige Element darf nicht fehlen: eine Hand voll milde schwarze Oliven, etwas sahniger Feta-Käse, saftige Tomatenscheiben und mit Salz bestreute knackige Gurkenstreifen. Und natürlich gibt es frisches Brot, sei es warmes Fladenbrot arabischer Art im Libanon und in Syrien oder mit Sesam bestreutes süßliches Weißbrot in Griechenland und in der Türkei. Zu trinken gibt es Tee. Wir würden wohl eher türkischen Kaffee erwarten, aber in der Türkei bevorzugt man zum Frühstück schwarzen Tee.

OBEN: Joghurt und Wabenhonig. GEGENÜBER: Oliven, Feta, Tomate und Gurke.

Honigwasser

Die Beigabe von Waben verhindert ein Verklumpen des Honigs in diesem köstlichen goldgelben Getränk.

Für einen kleinen Krug *4 EL flüssiger Honig; 1 EL Honigwaben; 1/2 l kochend heißes Wasser*

Das Wasser über den Honig und die Waben gießen und alles gründlich verrühren. Abkühlen lassen und anschließend durch ein Tuch seihen. Gut gekühlt servieren.

Bienenkästen im Südwesten der Türkei.

Melonensaft

Pro Person rechnet man ein Viertel von einer kleinen bis mittelgroßen Wassermelone. Zunächst alle Samenkerne entfernen. Dann das Fruchtfleisch von der Schale lösen und in die Küchenmaschine geben. Ein paar Eiswürfel und, falls verfügbar, einige frische Minzeblätter hinzufügen, nach Belieben auch 1 Tl Zucker pro Person. Die Küchenmaschine kurz laufen lassen, bis die Melonenmischung die Konsistenz von feuchtem Schnee hat. Sofort servieren.

Joghurt ist ein Wort türkischen Ursprungs. Der Sage nach sollen die Türken das Sauermilchprodukt auf einem Karawanenzug durch die Wüste entdeckt haben, als die in Kameltaschen verstaute Milch durch die Hitze gerann und durch die Schaukelbewegungen der Kamele zu Joghurt wurde.

Tatsächlich ist die Geschichte des Joghurts aber viel älter. Er kommt ursprünglich aus der Region des heutigen Nordiran und wurde von den arischen Völkern verbreitet. Bereits in der Bibel findet er Erwähnung als arabisches *laban*.

Joghurt war schon immer ein Charakteristikum der Küche des östlichen Mittelmeerraumes. Auf dem Balkan besteht ein typischer Imbiss der Hirten bis heute aus einer Schale Joghurt, einer Hand voll Oliven und einem großen Stück Brot. Die Griechen essen morgens gern Joghurt mit Honig, während das syrische Frühstück häufig aus *labneh*, dickem Joghurt, besteht, der mit Oliven und frischem Fladenbrot verzehrt wird. In der Türkei kann man noch immer in den Basaren Joghurt-Verkäufer mit über den Schultern an einem Tragjoch hinabhängenden Kübeln voll Joghurt vom selben Morgen ihre Runden drehen sehen. Der cremigste Joghurt ist der aus der Milch von Schafen und Ziegen, die immer die vorherrschenden Herdentiere auf dem Balkan und im Vorderen Orient waren.

Ein kurdischer Ziegenhirte unterhalb eines syrisch-christlichen Klosters bei der ostanatolischen Stadt Mardin.

Joghurtgetränk

In der Türkei und im Nahen Osten wird das Joghurtgetränk *ayran* gern zu Kebabs, Fleischspießen vom Grill, getrunken. Mir schmeckt es am besten eisgekühlt zum Frühstück in den Morgenstunden an heißen Sommertagen.

Für 1 großes, hohes Glas *Dicker, abgetropfter Joghurt; eisgekühltes Wasser; Eiswürfel; Salz; getrocknete Minze*

Das Glas zur Hälfte mit dem Joghurt füllen und zu zwei Dritteln mit Eiswasser auffüllen. Mit einem Quirl kräftig verrühren – das Getränk soll die Konsistenz von dickflüssiger Sahne haben. Ein paar Eiswürfel hinzufügen und mit etwas Salz sowie einer Prise Minze würzen. Etwa 5 Minuten stehen lassen, dann servieren.

Türkischer Tee wird traditionell in einem kleinen, tulpenförmigen Glas serviert, das auf einem Teller steht. Mit den zwei oder drei beigelegten Zuckerwürfeln können Sie ihn ganz nach Belieben süßen. Nach türkischem Geschmack ist er je süßer, desto besser. Tee wird in der Türkei immer schwarz und ziemlich stark getrunken und begleitet einen den ganzen Tag hindurch, vom Frühstück bis in den späten Abend. In den Basaren sind die Teeträger, die ihre mit Gläsern beladenen Metalltabletts in atemberaubender Manier herumschwenken, nicht wegzudenken.

Für die dort konsumierten Mengen wird der Tee meistens im Samowar zubereitet. Zu Hause sollten Sie eine kleine Teekanne, vorzugsweise aus Metall, vorwärmen, 3 Teelöffel türkischen Tee hineingeben, die Kanne mit kochendem Wasser auffüllen und den Tee 5 Minuten ziehen lassen. Anschließend wird er von oben in hohem Bogen in kleine Gläser gegossen (ein paar mit hineingespülte Blätter stören nicht weiter), mit Zucker gesüßt und getrunken, sobald man das heiße Glas anfassen kann.

GEGENÜBER VON LINKS: Markt in Tripoli; Teeverkäufer im türkischen Bursa. OBEN: *Teeverkäufer in Istanbul an Bord einer Fähre über den Bosporus.*

Sorbets Die Osmanen waren keineswegs abstinent – mehreren Sultanen wurde der Wein geradezu zum Verhängnis, so auch Selim, der als „der Säufer" in die Geschichte einging. Das bevorzugte Getränk im Harem war jedoch, zumindest im Sommer, Sorbet. Die erste Hauptstadt des Osmanischen Reiches, Bursa, ist heute eine bedeutende Industriestadt. Sie ist aber noch immer von Obstplantagen umgeben, die Früchte in Hülle und Fülle liefern. Und an klaren Tagen kann man die Hänge des Berges Uludağ sehen, an dessen Fuße die Stadt liegt und von dem der Schnee zum Kühlen der Getränke geholt wurde.

In der Sommerhitze sieht man in der Stadt noch immer an vielen Straßenecken die Sorbet-Verkäufer, die den Passanten ihre fruchtigen Durstlöscher anbieten. Wegen der Bedenken hinsichtlich der hygienischen Qualität sollten Sie den Eisspeisen auf den Straßen der Türkei vielleicht widerstehen. Aber zu Hause sind exotische Sorbets aus Brombeer- und Hagebuttensirup oder dem Fruchtsaft von Granatäpfeln oder Wassermelone ideale alkoholfreie Drinks, die Sie gut Ihren Gästen anbieten können – und die besonders erfrischend zum Frühstück sind.

Aprikosen-Nektar

Für 4 Gläser *250 g getrocknete Aprikosen; 3/4 l Wasser; etwa 2 EL Honig (nach Geschmack)*

Die Aprikosen mit Wasser bedecken und über Nacht einweichen. Am nächsten Tag abtropfen lassen und dann zusammen mit dem frischen Wasser und dem Honig pürieren. Der Nektar sollte die Konsistenz von dickflüssigem Brei haben. Vor dem Servieren gut kühlen.

Granatapfel-Sorbet

Für 1 großes Glas *2–3 reife Granatäpfel (je nach Größe); 1–2 TL klarer Honig (nach Geschmack); eisgekühltes Wasser*

Entweder die fleischigen Samen aus den Granatäpfeln einzeln herauslösen (dabei darauf Acht geben, dass keinerlei Reste der bitteren weißen Trennhäutchen an den Samen mehr haften) und im Mixer pürieren. Oder, wie ich es bevorzuge, die Früchte einfach halbieren und mit einer gewöhnlichen Zitruspresse mit der Hand ausdrücken; dabei aber nicht zu fest herunterdrücken, da der Saft sonst leicht bitter wird. Den Saft in ein Glas gießen, mit Honig verrühren und mit Eiswasser auffüllen. An sehr heißen Tagen macht sich auch zerstoßenes Eis gut darin, ebenso ein paar Minzeblättchen.

Suppen und Zwischenmahlzeiten

Suppen spielten in der Ernährung der Bevölkerung des Osmanischen Reiches eine wichtige Rolle. So waren die den Moscheen angeschlossenen Küchen zur Verpflegung der Armen reine Suppenküchen. Und die Elitetruppen der Janitscharen erachteten ihren Suppenkessel als ihre wichtigste Habe. Suppen waren schon immer eine preiswerte und zugleich sättigende Nahrung, die sich obendrein aus nahezu allen erdenklichen Zutaten zusammenstellen lässt. Aber während die auf den Straßen gekochten Suppen meist auf Gemüse und Getreide basierten und nur Spuren von Fleisch zur geschmacklichen Verbesserung enthielten, wurden in den Palästen und bei Festlichkeiten die reichhaltigsten Kreationen aufgetischt.

Heutzutage gibt es fast keine türkische Stadt ohne spezielles Suppenlokal. Am beliebtesten sind meist jene, die auf Kuttelsuppe spezialisiert sind. Diese wird gern nach einer langen, durchzechten Nacht gegessen, um einem Kater vorzubeugen – sie auf diese Weise kennen zu lernen ist vielleicht nicht so empfehlenswert.

Suppen für eine Hochzeit

Die beiden hier beschriebenen Suppen machen den Unterschied in den Essgewohnheiten am Hofe und den überwiegend bäuerlichen Untertanen der osmanischen Herrscher deutlich. Die Mandelsuppe gegenüber ist von einer prunkvollen Hochzeitsfeier in Istanbul aus dem 19. Jahrhundert überliefert, während die auf Seite 24–25 beschriebene Hochzeitssuppe traditionell bei Eheschließungen im zentralanatolischen Hochland gegessen wird. Die ausgefallene leichte Komposition mit Mandeln, der die Zugabe von Kokoscreme eine exotische Note verleiht, soll den Appetit anregen und dabei zugleich mit edlen Zutaten glänzen. Auch die Hochzeitssuppe soll die Brauleute und die Gäste verwöhnen, in diesem Fall durch die Verwendung von Fleisch, Eiern und Zitrone – lauter Zutaten, die sich der einfache Bauer nur selten leisten kann. Beide erzielen den gewünschten Effekt, aber die Version aus dem bäuerlichen Milieu hat vermutlich eine längere Tradition. Doch hier zunächst eine Suppe für die Braut.

Brautsuppe

Diese Suppe, die vor der Hochzeit serviert wird, soll der Braut Kraft für die bevorstehenden Pflichten (oder auch Freuden) des Ehelebens geben.

Für 4–6 Personen *3 weiße Zwiebeln (ca. 400 g), abgezogen;*
1 große Möhre, geschält; 50 g Butter;
100 g feiner Bulgur (Weizenschrot); 150 g rote Linsen;
2 EL Tomatenmark; Salz und frisch gemahlener Pfeffer;
1 Muskatblüte; 1 TL getrocknete Minze;
1 TL edelsüßes Paprikapulver; 2 1/2 l Wasser;
1 Zitrone, geviertelt; frische Minze (nach Belieben)

Die Zwiebeln fein hacken und die Möhre in kleine Würfel schneiden. Die Butter zerlassen und die Zwiebeln und Möhren unter gelegentlichem Rühren etwa 20 Minuten andünsten, bis sie weich und leicht gebräunt sind. Den Bulgur und die Linsen hinzufügen und gut verrühren, bis sie gleichmäßig mit Butter überzogen sind. Unter Rühren etwa 1 Minute garen. Dann Tomatenmark, reichlich Salz und Pfeffer, Muskatblüte, getrocknete Minze und Paprika und schließlich das Wasser hinzufügen. Die Mischung zum Kochen bringen und zugedeckt etwa 45 Minuten kochen lassen, bis die Linsen und der Bulgur sehr weich sind. (Machen Sie die Garprobe, da die genaue Kochzeit davon abhängt, wie frisch die Linsen sind.)

Die Suppe abschmecken. Nach Belieben mit frischer Minze bestreut servieren und auf jeden Fall Zitronenviertel dazu reichen, deren Saft sich jeder Gast nach Geschmack in die Suppe träufeln kann.

VORHERGEHENDE SEITEN, SEITE 20: Ein Straßenhändler in Istanbul. SEITE 21: Brautsuppe.

Eine Hochzeitsfeier in einem westanatolischen Dorf.

Mandelsuppe

1 ¹/₂ l Hühnerbrühe;
200 g gemahlene Mandeln; 1 Granatapfel;
30 g Butter; 20 abgezogene ganze Mandeln;
Salz und Pfeffer (nach Belieben);
50 g Kokoscreme (aus der Packung)

Die Hühnerbrühe erwärmen und nach und nach unter die gemahlenen Mandeln rühren. Die Mischung unter ständigem Rühren bei niedriger Temperatur 5 Minuten erhitzen, aber nicht aufkochen lassen. Anschließend von der Kochstelle nehmen und etwa 1 Stunde abkühlen lassen.

Kurz vor dem Servieren der Suppe die Kerne aus dem Granatapfel lösen. Die Butter zerlassen, die ganzen Mandeln darin rasch goldbraun braten und dann leicht abkühlen lassen. Anschließend die Mandeln in kleine Stücke hacken und mit den Granatapfelkernen vermischen.

Die Suppe langsam wieder erhitzen und nach Belieben mit Salz und Pfeffer abschmecken. Die Kokoscreme in die Suppe bröckeln oder reiben und rühren, bis sie sich aufgelöst hat. Die Suppe zum Servieren in Schalen füllen und die Mandel-Granatapfelkern-Mischung darüber streuen.

Eine Dorfhochzeit nahe Milas in der Westtürkei: Die Frauen tanzen, während sich die Männer woanders zum Trinken zusammengefunden haben.

Hochzeitssuppe

Wenn Sie in Griechenland schon *avgolémono*-Suppe gegessen haben, erkennen Sie die geschmacklichen Komponenten hier vielleicht wieder – in beiden Fällen sind es Ei und Zitrone, die die Suppe abrunden. Hier zeigt sich einmal mehr, dass Kochkunst häufig auf alten Traditionen beruht; Mit Ei und Zitrone abgeschmeckte Suppen soll es schon zu byzantinischen Zeiten gegeben haben.

1 ¹/2 l kräftig gewürzte Lamm- oder Hühnerbrühe;
80 g Butter; 2 gehäufte EL Mehl;
150 g Hackfleisch vom Lamm; Eigelbe von 3 großen Eiern;
Saft von 1 großen Zitrone; 1 TL Paprikapulver

Die Brühe zum Kochen bringen und danach bei reduzierter Hitze weiter köcheln lassen. In einem großen Suppentopf 50 g Butter zerlassen und das Mehl hineinrühren. Bei mittlerer Hitze 2–3 Minuten weiterrühren, bis beides einen hellbraunen Farbton annimmt. Das Hackfleisch hinzufügen und alles unter Rühren eine weitere Minute garen. Dann eine Kelle heiße Brühe dazugießen und gut verrühren. Weiter kellenweise Brühe dazugeben, bis etwa die Hälfte der Brühe verbraucht ist; danach den Rest auf einmal dazugießen und verrühren. Die Suppe zum Kochen bringen und anschließend bei reduzierter Temperatur noch etwa 15 Minuten köcheln lassen.

Kurz vor dem Servieren der Suppe die Eigelbe mit dem Zitronensaft verquirlen. Die restliche Butter zerlassen und das Paprikapulver hineinrühren.

Die Suppe abschmecken. Dann von der heißen Flüssigkeit eine Kelle abschöpfen und in die Ei-Zitronen-Mischung rühren. Eine weitere Kelle hinzufügen und danach die Ei-Zitronen-Mischung in die Suppe gießen. Gut rühren und die Suppe langsam wieder erhitzen, aber nicht aufkochen lassen, da sie sonst gerinnt. Die Suppe auf Teller oder Schalen verteilen und vor dem Servieren jeweils noch ein wenig zerlassene Paprikabutter darüber gießen.

Anmerkung Für diese Suppe wird gewöhnlich eine herzhafte selbst gemachte Brühe aus Fleisch am Knochen (z. B. Lammschulter oder -hachse bzw. Huhn) und Gemüse verwendet. Die Suppe wird noch gehaltvoller, wenn Sie auch das vom Knochen oder Gerippe gelöste Fleisch mit hineingeben. Schneller geht es natürlich, wenn Sie Instantbrühe verwenden (wobei Brühe in Pulver- oder Pastenform empfehlenswerter ist als Brühwürfel) und dann etwas Hackfleisch hinzufügen.

Kürbissuppe

2 weiße Zwiebeln, abgezogen und fein gehackt;
50 g Butter; 1,25 kg Kürbis (mit Schale gewogen);
2 TL Zucker; 1 TL grobes Meersalz;
¹/2 TL gemahlener Ingwer; 1 TL gemahlener Zimt;
¹/2 TL frisch gemahlener schwarzer Pfeffer;
¹/2 l Vollmilch; 1 l Wasser;
ein paar Zweige frischer Dill;
frisch gemahlener schwarzer Pfeffer zum Garnieren

Die Zwiebeln in der Butter 10 Minuten andünsten, bis sie weich sind, aber noch keine Farbe angenommen haben. In der Zwischenzeit den Kürbis schälen, entkernen und das Fruchtfleisch grob hacken. Wenn die Zwiebeln weich sind, die Kürbisstücke mit Zucker, Salz und den Gewürzen hinzufügen. Alles gut vermischen und unter gelegentlichem Rühren weitere 10 Minuten garen. Dann Milch und Wasser dazugießen, zum Kochen bringen und das Gemüse zugedeckt noch etwa 40 Minuten köcheln lassen, bis das Kürbisfleisch sehr weich ist. Hin und wieder nachschauen – je nach Beschaffenheit des Kürbisses müssen Sie vielleicht den Topfdeckel abnehmen, um die Flüssigkeit etwas zu reduzieren, oder aber noch etwas Flüssigkeit nachgießen.

Das gegarte Gemüse etwas abkühlen lassen und dann pürieren – aber nur kurz, da die Suppe eine grobe Struktur haben soll. Wie die meisten Suppen wird auch diese geschmacklich noch besser, wenn man sie etwa eine Stunde (oder sogar über Nacht) stehen lässt, damit sich die Aromen verbinden können. Mit etwas frischem Dill und reichlich frisch gemahlenem Pfeffer bestreut servieren.

Kalte Joghurtsuppe mit Gurke

Die traditionelle heiße Joghurtsuppe ist eine recht nahrhafte Angelegenheit. In den letzten Jahren hat sich an den türkischen Küstenorten jedoch eine verdünnte Version von *cacık* (der türkischen Version des griechischen *tzatziki*) durchgesetzt, die an heißen Sommertagen wohltuende Abkühlung bietet. Für ihre Zubereitung brauchen Sie nur dem *cacık*-Rezept auf Seite 50 zu folgen und der fertigen Mischung eisgekühltes Wasser und ein paar Eiswürfel hinzuzufügen. Sie erhalten dann eine äußerst erfrischende sahnige, weiße Suppe.

Heiße Joghurtsuppe.

Heiße Joghurtsuppe

In Anatolien wird eine würzige Joghurtsuppe, *tarhana* genannt, gern gegessen. Sie wird aus einer Mischung aus getrocknetem Joghurt, Paprikaschoten und Tomaten zubereitet, die man wie die modernen Instantsuppen in kochendem Wasser auflöst. So gut sie schmeckt, ist sie doch ziemlich umständlich herzustellen, da der Joghurt zuvor mehrere Tage lang in der Sonne trocknen muss. Allgemein beliebt und einfacher zuzubereiten ist diese heiße Joghurtsuppe. Auch wenn wir Joghurt eher mit Sommer in Verbindung bringen, ist diese mit Mehl und Ei angereicherte Suppe für die bäuerliche Bevölkerung doch ein klassisches Winteressen. Lassen Sie auf keinen Fall zum Schluss die Butter und die getrocknete Minze weg und verwenden Sie unbedingt getrocknete Minze und nicht etwa frische.

1 l aromatische Hühner- oder Lammbrühe;
60 g Basmati-Reis, abgespült und abgetropft;
2 gestrichene EL Mehl, gesiebt; 2 Eigelbe;
500 ml dicker, abgetropfter Joghurt;
30 g Butter; 2 TL getrocknete Minze

Die Brühe zum Kochen bringen; dann die Hitze etwas reduzieren und den Reis hinzufügen. Den Deckel auflegen und den Reis in der köchelnden Flüssigkeit in etwa 20 Minuten weich garen. Anschließend von der Kochstelle nehmen und etwa 10 Minuten abkühlen lassen.

In der Zwischenzeit das Mehl und die Eigelbe mit einem Schneebesen in den Joghurt rühren. Einen Schöpflöffel leicht abgekühlte Brühe dazugießen und gut verrühren, danach einen weiteren Schöpflöffel hinzufügen und verrühren.

Die Mischung aus Joghurt, Ei und Mehl in die Brühe mit dem Reis geben und gut unterrühren. Den Topf wieder auf die Kochstelle setzen und die Suppe erhitzen, bis sie sehr heiß ist, aber noch nicht kocht. Dann in einem kleinen Topf rasch die Butter zerlassen und die getrocknete Minze einrühren.

Die Suppe mit jeweils etwas Reis in tiefe Teller oder Schalen füllen. Mit etwas Minze-Butter beträufeln und heiß servieren.

Gefüllte Teigtaschen mit Joghurtsauce

Die turksprachigen Völker, die mit ihren Pferden von Osten her über die Hochebenen in die Türkei einwanderten, brachten eine mongolische Spezialität mit: Teigtaschen, die mit etwas Fleisch – meist Ziegenfleisch – gefüllt waren und nach dem Dämpfen oder Kochen mit Joghurt gegessen wurden. Diese *mantı* genannte Teigspeise aus den Steppen Asiens erfreut sich seit einigen Jahren in der Türkei allgemeiner Beliebtheit, in den Städten als Zwischenmahlzeit unterwegs und auf dem Lande als fester Bestandteil der Alltagskost. Die *mantı* sollten hausgemacht und außerdem sehr klein sein – so klein, „dass 40 Stück auf einen einzigen Löffel passen", wie es in der gehobenen Gastronomie Istanbuls heißt. Meiner Meinung nach sind Tortellini ein adäquater Ersatz.

Für 2 Personen als Zwischenmahlzeit
250 g frische Tortellini mit Fleischfüllung; 50 g Butter;
3 dicke Knoblauchzehen, abgezogen und fein gehackt;
1 TL Paprikapulver; 1 TL getrocknete Minze;
4 EL Tomatenpüree; 6 EL dicker, abgetropfter Joghurt

Die Tortellini in reichlich Salzwasser geben und bissfest kochen.

In der Zwischenzeit die Butter bei mittlerer Hitze zerlassen und den Knoblauch hinzufügen. Wenn er anfängt braun zu werden, Paprikapulver, Minze und Tomatenpüree sowie einige Esslöffel Wasser hinzufügen. Unter regelmäßigem Rühren etwa 5 Minuten köcheln lassen, bis eine dicke Sauce entsteht.

Die Tortellini abtropfen lassen. Mit Tomatensauce und Joghurt überziehen und sofort servieren.

Ein syrischer Hirte.

Spiegeleier mit Joghurt

Für 2 Personen als Zwischenmahlzeit
250 g dicker, abgetropfter Joghurt;
1 TL gemahlener Kreuzkümmel; 1/2 TL Salz;
1/2 TL frisch gemahlener schwarzer Pfeffer;
75 g Butter; 4 große Eier; 1 TL Paprikapulver

Den Joghurt mit Kreuzkümmel, Salz und Pfeffer verrühren. Die Hälfte der Butter in einer Pfanne zerlassen und die Eier darin braten, bis das Eigelb anfängt fest zu werden.

In der Zwischenzeit in einer anderen Bratpfanne die restliche Butter zerlassen und das Paprikapulver mit dem Schneebesen hineinrühren.

Zwei Eier pro Person auf vorgewärmten Tellern verteilen, den gewürzten Joghurt darauf geben und die Paprika-Butter darüber träufeln. Mit warmem Brot zum Aufnehmen der Flüssigkeit sofort servieren.

Eier in Paprika-Tomaten-Sauce

Für mich ist diese Speise, die *menemen* genannt wird, der ideale Schnellimbiss unterwegs. Die Türkei verfügt über ein sehr leistungsfähiges Busverkehrsnetz. In diesem riesigen Land, wo 12- bis 14-stündige Reisen noch als kurze Fahrten gelten, ist der Bus das meistgenutzte Verkehrsmittel. Für all jene, die beim Umsteigen auf einen Bus warten müssen, halten die Busbahnhöfe ein großes Angebot an kleinen Mahlzeiten bereit. Zu den beliebtesten zählt dieses Gericht. Ich erinnere mich noch gut daran, wie ich diese Köstlichkeit, auf einem Primuskocher gegart, zuerst an einem Busbahnhof an einem bitterkalten Morgen genossen habe.

Fähranleger in Istanbul.

Für 2 Personen *1 sehr große Frühlingszwiebel*
  (ohne Grün) oder 1 kleine weiße Zwiebel;
2 kleine türkische grüne Paprikaschoten
  oder 1 große gewöhnliche grüne Paprikaschote;
2 lange milde grüne Chilischoten; 30 g Butter;
4 große Tomaten (ca. 600 g); Salz;
1 kleines Bund glatte Petersilie, fein gehackt;
4 mittelgroße Eier; 1 TL edelsüßes Paprikapulver;
rote Chiliflocken; 50 g Feta-Käse

Die Frühlingszwiebel oder Zwiebel fein hacken. Die Paprika- und Chilischoten von Samen und weißen Rippen befreien und in lange, schmale Streifen schneiden. Die Butter zerlassen – nach Möglichkeit in einem Gefäß, in dem das Gericht auch serviert werden kann. (Ich finde dafür meine Kupferpfanne ideal.) Die Zwiebelstücke und die Paprika- und Chilistreifen hineingeben und bei schwacher Hitze etwa 10 Minuten andünsten, bis sie weich sind und anfangen Farbe anzunehmen.

In der Zwischenzeit die Tomaten abziehen, die Samen entfernen und das Fruchtfleisch grob hacken. Wenn die Zwiebel-Paprika-Mischung fertig ist, die Tomaten sowie eine große Prise Salz und die Petersilie in die Pfanne geben. Das Gemüse unter gelegentlichem Rühren etwa 10 Minuten braten, bis die Tomaten zerfallen und eine dickflüssige Sauce entsteht.

Die Sauce kann man jetzt eine Weile stehen lassen – so lange, bis man sie benötigt (so wird sie auch an den Busbahnhöfen für die Kundschaft bereitgehalten).

Kurz vor dem Servieren die Pfanne bei mittlerer Hitze zurück auf die Kochstelle setzen. In gleichmäßigen Abständen vier kleine Löcher in die Oberfläche der Tomatensauce drücken und in jedes ein Ei hineinschlagen. Die Pfanne zudecken und die Eier in 3–4 Minuten fest werden lassen (die Pfanne neigen, um zu prüfen, ob das Eiweiß noch fließt). Paprikapulver und Chiliflocken nach Geschmack über die Eier streuen und den Feta darüber krümeln. Das Gericht sofort mit reichlich Brot – vorzugsweise türkischem Fladenbrot – zum Aufnehmen des Eigelbs und der Sauce servieren.

Nudeln mit Petersilie, Käse und Walnüssen

Jahrhundertelang spielten die Genueser in Istanbul eine wichtige Rolle. Dieses rustikale Nudelgericht mit Käse, Kräutern und Nüssen erinnert in mancher Hinsicht an die klassische Genueser *pesto*-Sauce – einmal davon abgesehen, dass die Bestandteile nicht miteinander vermengt, sondern einzeln hinzugefügt werden. Allerdings finden sich auch in den Bergen des griechischen Festlands ähnliche Gerichte. Wo auch immer dieses Gericht seinen Ursprung haben mag – es schmeckt jedenfalls sehr gut.

70–80 g getrocknete Nudeln pro Person (Anmerkung unten);
100 g Walnusskerne, Haut abgezogen, grob gehackt;
1 großes Bund frische glatte Petersilie, grob gehackt;
100 g Haloumi-Käse, gerieben (falls Sie es etwas weniger
  salzig wünschen, stattdessen Parmesan-Käse verwenden)
50 g Feta-Käse, abgetropft und zerkrümelt;
50 g Butter; *1/2 -1 TL rote Chiliflocken (nach Geschmack)*

Den Backofen auf 180 °C vorheizen und eine ofenfeste irdene oder beliebige andere Servierschüssel hineinstellen.

In einem großen Topf Wasser mit Salz zum Kochen bringen und die Nudeln darin nach der Anleitung auf der Packung kochen. In der Zwischenzeit die Walnüsse, Petersilie und die beiden Käsesorten vermischen.

Die Nudeln sind fertig, wenn sie noch nicht ganz bissfest sind (durch Probieren prüfen). In einem Durchschlag abtropfen lassen und in die vorgewärmte Servierschüssel geben. Die Butter unterrühren und danach die Walnuss-Petersilien-Käse-Mischung. Die Schüssel für 5 Minuten zurück in den Backofen stellen. Zum Schluss die Nudeln nach Geschmack mit Chiliflocken bestreuen und sofort servieren.

Anmerkung In der Türkei und in Griechenland wird dieses Gericht (oder Varianten davon) mit selbst gemachten spiralig gedrehten Nudeln zubereitet. Als Ersatz finde ich die Genueser *trofie* oder die süditalienischen *fricielli* am besten. Notfalls können Sie auch kleine *penne* oder Makkaroni verwenden.

In der Sonne trocknende Nudeln im osttürkischen Kars.

Bohnen in Tomatensauce

Man vergisst leicht, dass es in großen Teilen der Türkei viele Monate kalt ist. Zum schnellen Aufwärmen empfiehlt sich ein Bohnen-Eintopf, der oft an Imbiss-Ständen oder in kleinen Lokalen – so genannten *lokanta* – serviert wird.

250 g getrocknete Borlotti-Bohnen, über Nacht eingeweicht;
6 EL Olivenöl; 4 kleine weiße Zwiebeln, abgezogen und fein gehackt; 6 Knoblauchzehen, abgezogen und zerdrückt;
5 Tomaten (ca. 500 g), abgezogen, entkernt und grob gehackt; 2 TL Zucker; 1 TL Paprikapulver;
1 große Prise Chiliflocken; 1 große Prise getrockneter Dill;
1 Bund glatte Petersilie, gehackt; 1/4 l Wasser;
Meersalz und frisch gemahlener schwarzer Pfeffer

In einem großen Topf Wasser – ohne Salz – zum Kochen bringen (Salz würde die Bohnen zäh werden lassen). Die Bohnen hineingeben und im offenen Topf in 30–40 Minuten weich kochen (die genaue Garzeit hängt davon ab, wie frisch sie sind). In der Zwischenzeit das Öl in einem Topf mit schwerem Boden erhitzen und die Zwiebeln mit dem Knoblauch darin unter gelegentlichem Rühren etwa 20 Minuten braten, bis sie goldgelb sind.

Die gekochten Bohnen abtropfen lassen und beiseite stellen. Tomaten, Zucker, Paprika und Chili zur Zwiebelmischung geben und alles unter gelegentlichem Rühren 5 Minuten garen. Dann die abgetropften Bohnen hinzufügen. Dill und Petersilie darüber streuen (eventuell etwas von den Kräutern zum Garnieren aufbewahren) und alles gut vermischen.

Das Wasser dazugießen und die Mischung zugedeckt etwa 45 Minuten köcheln lassen. Hin und wieder prüfen, ob vielleicht noch etwas Wasser hinzugefügt werden muss, aber nicht zu viel dazugeben, da das fertige Gericht ziemlich trocken sein soll. Mit Salz und Pfeffer abschmecken. Die Bohnen können heiß oder kalt gegessen werden. Am besten schmecken sie, wenn man sie nach dem Garen noch 1–2 Stunden ruhen lässt.

Anmerkung Dieses gesunde Bohnengericht gibt – mit Joghurt und Fladenbrot serviert – auch eine vollwertige Mahlzeit ab.

Ein Sortiment getrockneter Bohnen in Istanbuls Gewürz-Basar.

Eine reiche Vorspeisen-Auswahl

Der schöne Brauch, vor dem Servieren des Hauptgerichts eine Auswahl kleiner Leckerbissen, so genannter *meze* (beziehungsweise *mezeler*), aufzutischen, ist heute nicht nur im gesamten östlichen Mittelmeerraum üblich. Die Bezeichnung stammt vermutlich von dem persischen Wort *maza* für „Kostprobe" oder „Wohlgeschmack" und Fachleute bringen die Einführung von *meze* mit dem Genuss von Wein im alten Persien in Verbindung.

Anscheinend handelte es sich bei diesen ursprünglichen *meze* um säuerliche Früchte, wie Granatäpfel, Quitten und Zitronen, die den herben Nachgeschmack von ungegorenem Wein mildern sollten. Auch wenn der Zusammenhang von *meze* und alkoholischen Getränken in gewisser Weise noch immer besteht, sind die Speisen inzwischen doch sehr viel abwechslungsreicher geworden. Heutzutage finden sich darunter wahre Köstlichkeiten.

In Istanbul gibt es im kosmopolitischen Galata-Viertel noch einige der berüchtigten *meyhane*, oder Kneipen, wo sich einst Botschaftspersonal mit Spionen traf, um bei dem beliebten Anisschnaps

GEGENÜBER: *Meze-Auswahl an einem Stand in Bursa.* OBEN VON LINKS: *Scharfes Tomatenpüree (S. 42), Auberginenpüree (S. 49) und Bulgursalat (S. 46).*

rakı die letzten Erkundungen zu erfahren. Wer hier auf einen Drink hineingeht, bekommt kleine Teller mit Leckerbissen angeboten, die den Alkohol besser verträglich machen sollen. Wenn Sie von Oliven und eingelegtem Gemüse über kalte Gemüsepürees bis hin zu Schälchen mit gebratenem Fisch und würzigen Fleischzubereitungen alles durchprobieren, wird aus dem *meze* leicht eine ganze Mahlzeit.

Von dem Alkohol einmal abgesehen, entspricht diese gemächliche Art zu essen mit vielen kleinen Speisen ganz der osmanischen Tradition: Bei Banketten wurden mitunter hunderte von Leckereien aufgetischt. Viele der *meze*-Speisen finden sich auch in Griechenland, Syrien, Ägypten und im Libanon. Auf dem Balkan isst man zwar auch Kleinigkeiten zu Drinks, doch sind es andere Dinge. Das liegt vielleicht daran, dass die meisten *meze* am besten bei großer Hitze schmecken. Hinter der *meze*-Kultur steckt das Streben nach Ausgewogenheit sowohl hinsichtlich der Struktur – beispielsweise glattes Gemüsepüree, knackige Salatblätter, kerniger Bulgur – als auch der Temperatur – etwa eiskalter Knoblauch-Joghurt-Dip, heiße frittierte Teigröllchen, lauwarme gefüllte Paprika – und nicht zuletzt der Aromen – zum Beispiel süßlich-mildes Zucchini-Küchlein, nussige Hühnerfleisch-Pastete mit der herben Würze von Koriander, herzhafte Bissen pikanter Lammleber. Worauf es ankommt, ist die Abstimmung.

Meze werden in der Türkei gern gemeinsam direkt aus den Servierschüsselchen gegessen.

Albanische Leber

Albanien geriet Mitte des 15. Jahrhunderts, schon bald nach Serbien und Bosnien, unter osmanische Herrschaft und seine Bevölkerung wurde zu einem wesentlichen Faktor bei den Wanderungsbewegungen innerhalb des Reiches. Eine besondere Rolle spielten die Albaner in der Armee sowie auf dem Bausektor, wo sie sich speziell bei der Konstruktion von Aquädukten hervortaten.

Dieses Gericht mit paprikagewürzter Lammleber wurde recht bald zu einer osmanischen Leibspeise und ist bis zum heutigen Tag aus der türkischen, griechischen und nahöstlichen Küche nicht wegzudenken. Es ist eine der wenigen Speisen, die noch immer nach ihrem Ursprungsland bezeichnet werden – sie heißt überall Albanische Leber. Die mit Sumach (oder *sumak*) – einem rötlich violetten, säuerlichen Gewürzpulver – und Petersilie gewürzten Zwiebeln sollten aus Gründen des Geschmacks und der Struktur unbedingt als Beilage dazu serviert werden.

500 g Lammleber; Meersalz;
1 gehäufter TL Paprikapulver; 1 große Prise Chiliflocken;
1 große weiße Zwiebel, abgezogen; 1 TL Sumach;
1 gute Hand voll frische glatte Petersilie, fein gehackt;
Olivenöl; Mehl; frisch gemahlener schwarzer Pfeffer;
1 Zitrone, in Viertel geschnitten

Die Leber gründlich abspülen, von Haut und Sehnen befreien und in mundgerechte Stücke schneiden. Gut salzen, mit Paprika und Chiliflocken bestreuen und etwa 30 Minuten stehen lassen.

Die Zwiebel halbieren und in dünne Scheiben schneiden. Mit 2 TL Salz bestreuen und 10 Minuten stehen lassen. Danach unter fließendem Wasser gründlich abspülen und mit den Händen gut ausdrücken. Die Zwiebelscheiben mit dem Sumach und der Petersilie vermischen und auf der einen Hälfte einer Servierplatte aufhäufen.

Kurz vor dem Servieren in einer schweren Bratpfanne 4 EL Olivenöl bei mittlerer Temperatur erhitzen. Ein Holzbrett oder die Arbeitsfläche leicht bemehlen und reichlich Pfeffer darauf streuen. Die Leberstücke kurz darin wenden und überschüssiges Mehl abschütteln.

Sobald das Öl heiß ist, die Leberstücke in mehreren Portionen in die Pfanne geben und unter ständigem Rühren braten – die Garzeit beträgt nur wenige Minuten, danach wird die Leber zäh. Die fertig gebratenen Stücke mit dem Wender aus der Pfanne nehmen. Vor dem Zufügen der nächsten Portion bei Bedarf noch etwas Öl in die Pfanne gießen und dieses wieder entsprechend heiß werden lassen.

Die gebratenen Leberstücke auf der Servierplatte neben den gewürzten Zwiebeln anrichten. Mit den Zitronenvierteln garniert sofort servieren. Das Gericht schmeckt am besten, wenn man abwechselnd einen Bissen zarte, würzige Leber und danach die Zwiebeln isst.

Kibbeh nayé – Hackfleisch-Bulgur

Kibbeh, eine Mischung aus Hackfleisch und Bulgur, ist das Nationalgericht des Libanon, findet sich aber auch in verschiedenen Varianten in Griechenland, in der Türkei und auf dem Balkan. Gegartes *kibbeh* besteht gewöhnlich aus einer knusprigen Hülle aus Getreideschrot, in der sich eine würzige Lammfleisch-Nuss-Mischung verbirgt, und schmeckt nicht nur köstlich, sondern ist geradezu ein Kunstwerk. Bei der hier beschriebenen libanesischen Version kommt es allerdings weniger auf Kunstfertigkeit an als auf beste Zutaten – rohes Lammhack wird mit eingeweichtem Bulgur zu einer Paste verarbeitet, mit feinstem Olivenöl beträufelt und mit frischer Minze, roter Zwiebel und einem Hauch Chilipulver angerichtet. Das Lammfleisch für dieses Gericht sollten Sie unbedingt bei einem Fleischer Ihres Vertrauens kaufen. Ich empfehle Bio-Lammfleisch mit möglichst geringem Fettanteil.

Entscheidend für das Gelingen des *kibbeh nayé* ist die glatte, elastische Beschaffenheit des Hackfleisches. Traditionell wird das Fleisch dafür in einem Mörser mit einem Stößel lange bearbeitet. Anstelle von Mörser und Stößel kann man das Fleisch aber auch gut – und weitaus schneller – in der Küchenmaschine zerkleinern.

500 g sehr frisches Lammhackfleisch von der Hachse;
Meersalz und frisch gemahlener schwarzer Pfeffer;
100 g feiner Bulgur (Weizenschrot); 2–3 Eiswürfel;
kaltgepresstes Olivenöl; 1 kleines Bund frische Minze;
1 große rote Zwiebel, abgezogen, halbiert und in
*   dünne Scheiben geschnitten;*
rotes Chilipulver (nach Geschmack)

Das Fleisch kräftig würzen. Den Bulgur mit so viel kochend heißem Wasser übergießen, dass er knapp bedeckt ist, und etwa 10 Minuten quellen lassen. Dann das Hackfleisch und den Bulgur zu einer glatten Masse verarbeiten; die Eiswürfel dazugeben, um das Fleisch aufzulockern. Die Fleischmasse auf einem gekühlten Teller verteilen und mit einem Kännchen Olivenöl, frischen Minzeblättern, Zwiebelscheiben und Chilipulver servieren, so dass sich jeder Tischgast seine Portion nach Belieben selbst zusammenstellen kann.

Tscherkessisches Huhn

Die tscherkessischen Frauen im Harem des Palastes waren nicht nur für ihre Schönheit berühmt, sondern auch für ihre Kochkünste. Vermutlich war es eine von ihnen, die dieses georgische Rezept nach Konstantinopel mitbrachte. Ein Zeitgenosse berichtet von Frauen, die das Hühnerfleisch „haarklein" zerpflückten, zusammen mit den gemahlenen Walnüssen in einen riesengroßen Topf pressten und über Nacht stehen ließen, bevor das Gericht zum Servieren gestürzt wurde. So viel Mühe brauchen Sie sich freilich nicht zu machen!

200 g gegarte Hühnerbrust oder -keule, Haut entfernt;
3 dicke Scheiben Weißbrot, Rinde entfernt;
150 g Walnusskerne, zerkleinert; 1 1/2 TL Kreuzkümmel;
2 dicke Knoblauchzehen, abgezogen; 1 Prise Meersalz;
2–4 EL Hühnerbrühe; 2 EL fein gehackte Korianderblätter;
1 Prise Paprikapulver; frisch gemahlener schwarzer Pfeffer

Das Hühnerfleisch mit einer Gabel fein zerrupfen. Das Brot in etwas Wasser einweichen. Eine Bratpfanne mit schwerem Boden bei mittlerer Temperatur erhitzen und die Walnusskerne und Kreuzkümmelsamen unter ständigem Rühren etwa 1 Minute rösten. Anschließend die Walnusskerne und Kreuzkümmelsamen in der Küchenmaschine oder im Mörser mit Knoblauch und Salz zu einer Paste verarbeiten. Die Paste sollte nicht ganz glatt, sondern noch etwas körnig sein.

Die Hühnerbrühe langsam erwärmen. Das eingeweichte Brot ausdrücken und mit der Walnussmasse sowie 2 EL warmer Brühe vermengen. Das kann entweder im Mörser mit dem Stößel oder in der Küchenmaschine geschehen. Im Mörser lässt sich eine bessere Konsistenz erzielen, da auch diese Mischung nicht ganz glatt sein sollte. Bei Bedarf noch etwas Brühe hinzufügen, aber darauf achten, dass die Masse nicht zu feucht wird. Von den gehackten Korianderblättern etwas zum Garnieren aufbewahren, den Rest mit dem Paprikapulver und reichlich schwarzem Pfeffer unter die Nussmasse rühren. Zuletzt das Hühnerfleisch untermischen.

Vier kleine Portionsformen mit Klarsichtfolie auslegen; die Folie am Rand überhängen lassen. Die Huhn-Walnuss-Mischung hineingeben und fest hinunterdrücken. Einige Stunden im Kühlschrank erkalten lassen und vor dem Servieren aus den Förmchen stürzen.

Bohnen mit Sesam

Diese Speise kommt aus Antalya an der türkischen Südküste. Durch die reichliche Verwendung von *tahin* (Sesampaste) erinnert sie sehr an die Speisen, die jenseits der Grenze in Syrien gegessen werden.

500 g weiße Bohnen aus der Dose;
1 Knoblauchzehe, abgezogen und zerdrückt;
Saft von 1 großen Zitrone; 1 große Prise Meersalz;
2 EL unreifer Traubensaft (Verjuice) oder, falls
nicht erhältlich, 1 EL Rotweinessig;
2 EL helles Tahin, Öl abgetropft; 1–2 EL Wasser;
1 EL fein gehackte frische glatte Petersilie;
1 EL Pinienkerne; 1 TL Kreuzkümmelsamen;
1 TL Paprikapulver; 2 EL kaltgepresstes Olivenöl

Die Bohnen abtropfen lassen, gut abspülen und in einen Topf mit schwerem Boden geben.

Knoblauch, Zitronensaft, Salz und Traubensaft bzw. Rotweinessig und etwas Wasser vermischen und mit dem Schneebesen unter das *tahin* rühren. Dabei gerade so viel Wasser verwenden, dass eine weiche Masse entsteht. Die Masse über die Bohnen gießen und den Topf auf die Kochstelle setzen. Die Mischung bei mittlerer Hitze 2–3 Minuten erwärmen; dabei hin und wieder umrühren, aber sehr behutsam, damit die Bohnen nicht zerfallen. Darauf achten, dass die Mischung nicht zum Kochen kommt, da sie sonst ihre homogene Konsistenz verliert. Die Bohnen in eine Servierschüssel füllen und die gehackte Petersilie untermischen. Einige Stunden stehen lassen.

Kurz vor dem Servieren eine Pfanne mit schwerem Boden erhitzen und die Pinienkerne darin 1–2 Minuten rösten; dabei ständig rühren, damit sie nicht verbrennen. Anschließend den Kreuzkümmel etwa 30 Sekunden rösten. Pinienkerne und Kreuzkümmelsamen über die Bohnen streuen. Das Paprikapulver und das Olivenöl mit dem Schneebesen gründlich vermischen und die Bohnen damit überziehen.

Eine Türkin beim Sieben von Sesamsamen in Patara.

Käse mit Pilzen

Die besten Köche des Osmanischen Reiches kamen angeblich aus Bolu. Die östlich von Istanbul in der zentralanatolischen Ebene gelegene Stadt ist heute ein von Umweltverschmutzung gezeichneter Industriestandort. An den üppig bewaldeten Hängen seiner Umgebung gedeihen aber noch immer Wildpilze in Hülle und Fülle.

Ich hatte das Glück, dieses einfache, aber vorzüglich schmeckende Gericht von einem Koch aus Bolu in einem Restaurant gegenüber von Istanbuls außergewöhnlicher byzantinischer Erlöserkirche des Chora-Klosters serviert zu bekommen. Der Käse, den er verwendete, war geräuchert und soll ein tscherkessischer Käse gewesen sein. Sie können stattdessen *haloumi*, salzigen Schafskäse, verwenden.

250 g Wildpilze (Pfifferlinge oder eine Mischung
verschiedener Pilze);
1 Paket Haloumi-Käse; Olivenöl; Rauke;
frisch gemahlener schwarzer Pfeffer;
1 kleine Hand voll frische glatte Petersilie, fein gehackt

Die Pilze verlesen, Schmutzpartikel entfernen und mit einem feuchten Tuch putzen (wenn man sie abbraust, saugen sie sich mit Wasser voll und werden schwammig). Den Käse waagerecht in etwa 1 cm dicke Scheiben schneiden – er ergibt ungefähr acht bis zehn Scheiben. Den Grill auf höchster Stufe vorheizen.

In einer Bratpfanne 3 EL Olivenöl bei mittlerer Temperatur erhitzen. Die Pilze darin in etwa 5 Minuten weich sautieren. Die Käsescheiben 3–4 Minuten grillen, bis sie leicht gebräunt sind, und dann auf Teller verteilen. Daneben Raukenblätter anrichten. Die Pilze noch einmal kurz erhitzen, damit überschüssige Flüssigkeit verdampft. Anschließend auf die Teller neben dem Käse und den Raukeblättern geben. Mit Pfeffer aus der Mühle und mit Petersilie bestreuen und dann servieren.

Scharfes Tomatenpüree

Dieser feurige Dip erfreut sich vor allem bei der kurdischen Bevölkerung im Osten der Türkei großer Beliebtheit.

1 grüne Paprikaschote; 4 mittelgroße Tomaten oder 2 große
Fleischtomaten (ca. 500 g), abgezogen und Samen entfernt;
1/2 große Salatgurke, geschält; 1 rote Zwiebel, abgezogen;
Meersalz; 1 Knoblauchzehe, abgezogen und fein gehackt;
1 TL getrocknete Minze; 1 EL fein gehackte glatte Petersilie;
1 TL Paprikapulver; 1/4–1/2 TL Cayennepfeffer;
1 gehäufter EL Paprikamark (ersatzweise mit etwas
Paprikapulver vermischtes Tomatenpüree);
1 EL Weißwein- oder Rotweinessig;
2 EL kaltgepresstes Olivenöl

Von der Paprikaschote den Stielansatz und die Rippen entfernen. Dann alle Gemüse entweder von Hand sehr fein hacken oder – wesentlich einfacher – in der Küchenmaschine fein zerkleinern. Bei Benutzung der Küchenmaschine aufpassen, dass die Mischung nicht zu breiig wird; sie soll noch „Biss" haben. Die Gemüsemischung in einen Durchschlag geben, mit Salz bestreuen und etwa 10 Minuten stehen lassen, damit überschüssige Flüssigkeit abtropfen kann.

Dann Knoblauch, Kräuter und Gewürze, Paprikamark sowie Essig und Öl untermischen. Das Püree auf einem Teller verstreichen und vor dem Servieren im Kühlschrank erkalten lassen. Am besten schmeckt es am folgenden Tag, wenn sich die Aromen entfaltet und miteinander verbunden haben.

Abbildung Seite 35.

Gefüllte Weinblätter

Ein Klassiker unter den griechischen *meze* sind *dolmas* – die ursprünglich aus Mazedonien stammenden gefüllten Weinblätter, die sich auch in der türkischen Küche und auf dem gesamten Balkan durchgesetzt haben. Im Winter werden sie häufig zusätzlich mit Fleisch gefüllt und als nahrhaftere Mahlzeit warm serviert. Ich bevorzuge jedoch diese sommerliche Variante.

Natürlich kann man *dolmas* auch schon fertig kaufen, aber mit etwas Geschick sind sie einfach herzustellen und schmecken selbst gemacht wirklich bedeutend besser. Sie brauchen sich jedoch nicht die Mühe zu machen, nach frischen Weinblättern zu suchen, sondern können getrost die in griechischen und türkischen Lebensmittelgeschäften angebotenen in Lake eingelegten (in Supermärkten auch vakuumverpackt angebotenen) Weinblätter verwenden.

250 g in Lake eingelegte Weinblätter (etwa 40 Stück);
6 Frühlingszwiebeln; 150 ml Olivenöl;
600 ml Hühnerbrühe; Salz; 175 g Langkornreis;
1 TL gemahlener Zimt; 100 g Pinienkerne; 100 g Rosinen;
Saft von 1 Zitrone; 3 EL gehackte frische Petersilie;
2 EL gehackter frischer Dill; 1 TL getrocknete Minze

Die Weinblätter aus der Lake nehmen und in eine große Schüssel legen. Mit kochend heißem Wasser übergießen und 20 Minuten stehen lassen.

Die Frühlingszwiebeln samt den grünen Teilen fein hacken. 2 EL Öl erhitzen und die Frühlingszwiebeln darin etwa 5 Minuten andünsten, bis sie weich sind. In der Zwischenzeit die Brühe zum Kochen bringen und nach Geschmack salzen.

Den Reis mit dem Zimt zu den Frühlingszwiebeln geben und gut umrühren, bis die Reiskörner mit Öl überzogen sind.

Die kochende Brühe dazugießen und etwa 10 Minuten köcheln lassen, bis die ganze Flüssigkeit aufgesogen ist und zwischen den Reiskörnern kleine Löcher sichtbar werden. Dann die Pinienkerne und die Rosinen hinzufügen. Den Topf zunächst mit einem sauberen Küchentuch bedecken und dann den Deckel auflegen. 15 Minuten stehen lassen.

In der Zwischenzeit die Weinblätter abtropfen lassen und danach unter fließendem kalten Wasser gründlich abspülen. Den Boden eines großen, schweren Topfes mit Weinblättern auslegen. Deckel und Handtuch von dem Topf mit dem Reis nehmen und die Hälfte des Zitronensaftes, die gehackten frischen Kräuter und die getrocknete Minze unterrühren.

Zum Füllen der Weinblätter jeweils ein Blatt mit der glänzenden Seite nach unten so auf die Arbeitsfläche legen, dass das Stielende zu Ihnen hin zeigt. Oberhalb des Stielansatzes einen gehäuften Teelöffel der Reismischung auf das Blatt geben. Die beiden Seiten des Blattes über die Füllung schlagen. Dann das Blatt zur Spitze hin aufrollen, so dass ein zylinderförmiges Päckchen entsteht. Die Röllchen mit dem losen Blattende nach unten dicht nebeneinander in den ausgelegten Topf schichten.

Das restliche Öl und den restlichen Zitronensaft in den Topf geben und so viel Wasser dazugießen, dass die gefüllten Weinblätter gerade bedeckt sind. Einen Teller umgekehrt auf die Weinblätter legen und mit einer Konservendose beschweren. Den Topf auf die Kochstelle setzen und die Weinblätter bei schwacher Hitze 1 Stunde garen. Anschließend in der Flüssigkeit abkühlen lassen. Mit Zitronenvierteln und kaltem dickem griechischem Joghurt servieren.

Abbildung Seite 45.

Frittierte Zucchini-Küchlein

Dieses Rezept verdanke ich Ismael, der in Çıralı an der türkischen Südwestküste das Strandrestaurant der Orange Pansiyon führt. An dem einen Ende der weiten Bucht liegt der verlassene Ort Olympos und hoch oben auf dem bewaldeten Berg am anderen Ende soll die Heimat des Feuer speienden Ungeheuers Chimära gewesen sein. (Die Sage verdankt ihren Ursprung dem Naturphänomen, dass dort aus einer Felsspalte brennendes Erdgas austritt.) Der sich dazwischen erstreckende weite Sandstrand ist einer der wenigen letzten Nistplätze der Meeresschildkröten.

An diesem Strand habe ich einmal mit meiner Mutter ein Picknick abgehalten, das ich noch gut in Erinnerung habe. Während wir auf unseren frisch gegrillten Fisch warteten, wärmten wir uns in der kühlen Herbstluft an einem Reisigfeuer und aßen kleine Leckerbissen wie diese Küchlein aus den in der Region gezogenen Zucchini, die, geraspelt und mit Käse vermischt, in der Pfanne braun gebraten werden.

Ergibt 12 Küchlein *2 große Zucchini (ca. 600 g), vorzugsweise die hellgrüne Sorte; grobes Meersalz; 1 mittelgroße weiße Zwiebel, abgezogen; 1 dicke Koblauchzehe, abgezogen; 80 g (ca. 3 gestrichene EL) Mehl; frisch gemahlener schwarzer Pfeffer; je 2 EL gehackte frische Minze, Dill und glatte Petersilie; 3 große Eier, verquirlt; Sonnenblumenöl; abgetropfter Joghurt*

Die Zucchini gründlich waschen, dann samt der Schale grob raspeln. Mit reichlich (ca. 1 gestrichenen TL) grobem Salz bestreuen und etwa 15 Minuten stehen lassen, um dem Fruchtfleisch Flüssigkeit entziehen.

In der Zwischenzeit die Zwiebel reiben; den austretenden Saft weggießen. Die Knoblauchzehe fein hacken. Die geraspelten Zucchini abspülen und überschüssige Flüssigkeit mit den Händen gut ausdrücken. Dann mit der Zwiebelmasse und dem Knoblauch vermischen.

Das Mehl sieben und mit reichlich Pfeffer würzen. Die gehackten Kräuter, die Zucchini-Mischung und die verquirlten Eier hinzufügen. Alle Zutaten gut verrühren.

In eine beschichtete Pfanne etwa 1 1/2 cm hoch Öl gießen und das Öl bei mittlerer Temperatur erhitzen. Sobald es so heiß ist, dass ein Brotwürfel darin im Nu knusprig wird, 3 oder 4 Portionen von jeweils 2–3 TL der Zucchinimasse in die Pfanne geben. Die Küchlein nacheinander in mehreren Durchgängen braten. Beim ersten Durchgang ausreichend Abstand zur Pfanne halten, da das Öl spritzen kann. Die Küchlein nach etwa 3 Minuten vorsichtig wenden und noch 1–2 Minuten braten, bis sie goldbraun sind, aber auch noch Sprenkel von den Zucchini und den Kräutern erkennen lassen.

Die fertigen Küchlein mit einer Schaumkelle aus der Pfanne heben und auf Küchenkrepp abtropfen lassen. Dann die nächsten Portionen braten. Die angegebene Menge sollte für zwölf Küchlein reichen. Zucchini-Küchlein als *meze* heiß mit ein paar Löffeln kaltem Joghurt servieren. Sie schmecken ebenso gut kalt und können auch wieder aufgewärmt werden.

LINKS: Frittierte Zucchini-Küchlein. RECHTS: Gefüllte Weinblätter.

Salate Im östlichen Mittelmeerraum werden Salate zu Beginn einer Mahlzeit serviert (und nicht wie oft bei uns neben oder wie in der französischen Küche nach dem Hauptgang). Im Libanon und in Syrien beispielsweise setzt man Ihnen im Restaurant, kaum dass Sie Platz genommen haben, schon einen Teller mit rohem Gemüse vor und reicht Ihnen dazu ein scharfes Messer. Während Sie überlegen, was Sie essen möchten, können Sie sich Stücke von prallen, saftigen Tomaten, leuchtend grünen Paprikaschoten oder knackigen Salatherzen in den Mund schieben oder dicke rote Radieschen knabbern. Gewürzt wird nur mit Salz, selbst eine Flasche Olivenöl steht nicht bereit. Anders auf dem Balkan, in der Türkei und Griechenland: Dort wird Ihnen in guter alter osmanischer Tradition die Arbeit, Salatgemüse in mundgerechte Stücke zu schneiden, abgenommen. Aber auch hier gilt es als selbstverständlich, dass Sie als Vorspeise zu einer Mahlzeit einen Salat bestellen, wobei die Zutaten je nach Saison variieren.

Bulgursalat

Der mit vielen Kräutern zubereitete libanesische Bulgursalat, *taboulé*, wird mit reichlich Zitronensaft angemacht, während der *kısır* genannte Bulgursalat, der im Südosten der Türkei und in Nordsyrien gegessen wird, mit einem Dressing aus Tomatenmark und rotem Paprika serviert wird. Beide Varianten werden traditionell mit der Hand gegessen: Kleine, mundgerechte Portionen werden mit Salatblättern aufgenommen und zum Mund geführt.

125 g feiner Bulgur (Weizenschrot); 3 Frühlingszwiebeln; 2 große Fleischtomaten, abgezogen und Samen entfernt; 1 Bund glatte Petersilie; 1 kleine Hand voll frische Minze; 1 TL Meersalz; 1 Römischer Salat
Für das Dressing *2 EL Tomatenmark; 3 TL Paprikapulver; 1 TL rote Chiliflocken; 3 TL Granatapfelsirup (nach Belieben); Saft von 1 großen Zitrone; 4 EL kaltgepresstes Olivenöl*

Den Bulgur mit kochendem Wasser knapp bedecken und 30 Minuten stehen lassen. In der Zwischenzeit die Frühlingszwiebeln samt den grünen Teilen fein hacken. Die Tomaten in Würfel schneiden und die Blätter der Kräuter fein hacken.

Für das Dressing Tomatenmark, Paprika, Chiliflocken und Granatapfelsirup (sofern verwendet) sowie Zitronensaft gründlich vermischen. Dann unter ständigem Rühren mit dem Schneebesen nach und nach das Öl dazugeben, bis eine glatte Sauce entsteht.

Den Bulgur gut ausdrücken, damit er möglichst trocken ist, und in eine Schüssel geben. Mit Salz bestreuen. Danach die Zwiebeln, Tomaten und Kräuter untermischen. Zuletzt das Dressing dazugeben und gründlich unterrühren.

Den Salat am besten mehrere Stunden im Voraus zubereiten, damit der Bulgur die anderen Aromen aufnehmen kann. Er sollte zimmerwarm serviert werden.

Kurz vor dem Servieren den Römischen Salat zerpflücken und die Blätter waschen. Mit einem Löffel kleine Portionen Salat auf die knackigen Salatblätter häufen und mit den Fingern zum Mund führen.

Abbildung Seite 35.

Hirtensalat

Ein Hirte nahm auf seinem Weg in die Berge in seinem Proviantbeutel ein paar reife Tomaten, ein oder zwei Paprikaschoten, vielleicht eine dicke Gurke und mit Sicherheit eine saftige rote Zwiebel mit. Wenn ihn zur Mittagszeit der Hunger überkam, schnitt er die Gemüse mit seinem scharfen Messer in Stücke, die er dann mit Salz bestreut und mit fruchtigem Olivenöl beträufelt aß. Aus dieser gängigen Vorstellung vom Landleben entstand der beliebte Sommersalat der östlichen Mittelmeerregion – wobei er natürlich verfeinert wurde, und das aus gutem Grund. Schließlich schmeckt der Salat wesentlich besser, wenn alle Zutaten kleiner geschnitten werden, so dass sich ihre Aromen besser verbinden können.

2 große Fleischtomaten, je reifer, desto besser;
1/2 große Salatgurke, geschält; 1 große grüne
*   Paprikaschote, Samen und Rippen entfernt;*
1 rote Zwiebel, abgezogen, oder 4 kleine Frühlingszwiebeln;
2 kleine frische grüne Chilischoten (nach Belieben);
1 großes Bund glatte Petersilie, fein gehackt; Meersalz;
Saft von 1 Zitrone; 4–6 EL kaltgepresstes Olivenöl

Tomaten, Gurke, Paprika und Zwiebel in kleine Würfel bzw. Frühlingszwiebeln in Ringe schneiden. Sofern Chilischoten verwendet werden, diese von den Samenkernen befreien und ebenfalls in kleine Würfel schneiden. Alle Gemüse vermischen und die Petersilie hinzufügen. Eine große Prise Salz in den Zitronensaft geben und das Olivenöl mit einem Schneebesen einrühren. Weil die erforderliche Ölmenge davon abhängt, wie viel Saft die Zitrone ergeben hat, durch Abschmecken prüfen, wann das Verhältnis ausgewogen ist. Den Salat mit dem Dressing übergießen und – ganz entgegen der üblichen Zubereitungsanweisung für frische Blattsalate – vor dem Servieren noch mindestens 20 Minuten durchziehen lassen.

Salatzubereitung in Yassiçal in der Zentraltürkei.

Wintersalat

¹/4 mittelgroßer Rotkohl, Außenblätter und Strunk entfernt;
2 große Möhren, geschält; 2 weiße, lange Rettiche, geschält;
1 Bund Rauke, vorzugsweise die kleinblättrige wilde Sorte;
Saft von 1 großen Zitrone; 6 EL kaltgepresstes Olivenöl;
Meersalz und frisch gemahlener schwarzer Pfeffer;
frischer Dill zum Garnieren; Zitronenspalten

Den Rotkohl fein hobeln. Die Möhren und die Rettiche fein raspeln. Die Raukenblätter waschen und trocken schleudern.

Auf einem Servierteller nebeneinander den gehobelten Rotkohl, die Möhrenraspel, die Rettichraspel und die Raukenblätter aufhäufen. Den Zitronensaft und das Olivenöl mit einem Schneebesen gründlich verrühren. Mit Salz und Pfeffer gut würzen und über die Gemüse gießen. Den Salat mit Dill garniert servieren. Zitronenspalten getrennt dazu reichen.

Rote-Bete-Salat

Bei diesem libanesischen Rezept verleiht Granatapfelsirup (Grenadine) dem Salat seinen charakteristischen Geschmack.

8 kleine rohe Rote-Bete-Knollen samt Schale;
1 kleine weiße Zwiebel, abgezogen und fein gehackt;
1 dicke Knoblauchzehe, abgezogen und fein gehackt;
1 große Hand voll frische glatte Petersilie, fein gehackt;
1 kleine Hand voll frische Minze, fein gehackt;
1 TL Meersalz; Saft von 1 großen Zitrone;
1 EL Granatapfelsirup; 4 EL kaltgepresstes Olivenöl

Die Rote-Bete-Knollen etwa 45 Minuten im Backofen bei 180 °C garen, bis sie weich sind. Wenn sie so weit abgekühlt sind, dass man sie anfassen kann, die Knollen schälen und in Würfel schneiden. Die Rote-Bete-Würfel mit den Zwiebel- und Knoblauchstückchen sowie den Kräutern vermischen. Salz und Zitronensaft mit einem Schneebesen verrühren und dann den Granatapfelsirup dazugeben. Anschließend nach und nach das Öl unterrühren, bis eine dicke Sauce entsteht. Die Salatsauce über die Rote Bete-Würfel gießen, so lange diese noch warm sind und die Aromen besser aufnehmen. Den Salat vor dem Servieren noch einige Stunden durchziehen lassen.

Variante Sie können die Rote Bete auch einfach mit einer Mischung aus 250 ml abgetropftem Joghurt und 2 EL kaltgepresstem Olivenöl anmachen. In diesem Fall kann man die Knollen auch pürieren, statt sie in Würfel zu schneiden, und den Salat als Art Dip reichen.

Auberginenpüree

Die Aubergine (oder Eierfrucht) galt in der osmanischen Küche immer als die Königin unter den Gemüsen. Daher ist es vielleicht auch nicht so verwunderlich, dass dieses mit Knoblauch gewürzte Auberginenpüree heutzutage in Syrien und im Libanon „Kaviar des armen Mannes" genannt wird.

5 mittelgroße Auberginen (ca. 1,25 kg);
3 Knoblauchzehen, abgezogen und fein gehackt;
Meersalz; Saft von 1 großen Zitrone;
4–6 EL kaltgepresstes Olivenöl

Den Grill auf höchster Stufe vorheizen. Jede Aubergine mit einem Spieß mehrfach einstechen, damit sie beim Grillen nicht aufplatzt. Die Auberginen unter den Grill legen und unter mehrmaligem Wenden 20 Minuten grillen, bis die Schale rundum fast schwarz ist und Blasen wirft.

Wenn die Auberginen so weit abgekühlt sind, dass man sie anfassen kann, die Haut abziehen und aus dem Fruchtfleisch so viel Saft wie möglich herauspressen. Das Fruchtfleisch auf einem Holzbrett mit einer Gabel zerdrücken und dabei zugleich den Knoblauch untermengen. Das Auberginenpüree in eine Schüssel füllen, kräftig salzen und den Zitronensaft dazugeben. Nach und nach unter ständigem Rühren das Olivenöl dazugießen, bis das Püree eine glatte Konsistenz hat. Wie viel Öl dafür genau benötigt wird, hängt von der Beschaffenheit der Auberginen ab. Das Auberginenpüree in eine Servierschüssel geben und vor dem Servieren mehrere Stunden bei Zimmertemperatur ruhen lassen, damit sich die Aromen verbinden können. Traditionell wird das Püree mit einigen schwarzen Oliven garniert serviert.

Abbildung Seite 35.

Libanesischer Käsesalat

Chuncliche ist eine klassische libanesische *meze*-Speise, die nach dem gleichnamigen aus Kuhmilch hergestellten, gesalzenen und fermentierten Käse benannt ist und mit Thymian und Pfeffer gewürzt wird. Den besten *chuncliche* habe ich in der Bekaa-Hochebene gegessen, wo die Menschen seit etwa 3000 Jahren Wein anbauen und wo M. Hochar vom Chateau Musar diese Tradition bis heute fortführt. Die Kinder der Bekaa-Ebene, so erzählte er mir, essen in der Schulpause *chuncliche* mit Gurke, Tomate und Brot. Inzwischen bieten die Restaurants Beiruts den Käse mit *za'atar* (einer wilden Thymian-Art), Sumach, Tomaten und Zwiebeln vermischt als Salat an. *Chuncliche* ist außerhalb der Region schwierig zu bekommen (es sei denn, Sie haben ein libanesisches Lebensmittelgeschäft am Ort), aber auch mit Feta lässt sich ein guter Salat zubereiten, wenngleich das Resultat natürlich etwas anders schmeckt als die original libanesische *meze*-Speise.

200 g Feta-Käse; einige Stängel frischer Thymian, die
 Blätter abgestreift;
frisch gemahlener schwarzer Pfeffer; 2 TL Sumach;
Saft von $1/2$ Zitrone; 4 EL kaltgepresstes Olivenöl;
2 große Tomaten, abgezogen, Samen entfernt, gehackt;
1 rote Zwiebel, abgezogen und in feine Würfel geschnitten;
1 große Hand voll frische glatte Petersilie, fein gehackt

Den Feta-Käse mit den Fingern zerbröckeln. Thymianblätter, reichlich Pfeffer und den Sumach darüber streuen. Den Zitronensaft und das Öl mit einem Schneebesen gut verrühren und über den Käse gießen. Den Käse mehrere Stunden durchziehen lassen.

Vor dem Servieren die Tomaten, Zwiebelstücke und Petersilie unter den Käse mischen. Den Salat mit reichlich Brot essen.

Gemüse mit Joghurt
Speisen mit Gemüse werden in der Türkei fast immer mit cremigem Joghurt serviert; auch zu gegrilltem Fleisch ist das Sauermilchprodukt eine beliebte Beigabe. In einigen Salaten ist Joghurt sogar die Hauptzutat, wie in dem *cacık* bzw. *tzatziki* genannten Joghurt-Gurken-Salat rechts, der sowohl als Beilage zu einem Grillgericht als auch im Rahmen von *meze* als kalte Vorspeise gereicht wird.

Bohnenpüree

1 kg junge dicke Bohnen in der Hülse;
4–5 Frühlingszwiebeln; 2 dicke Knoblauchzehen, abgezogen;
1/8 l Olivenöl; Meersalz;
frisch gemahlener schwarzer Pfeffer;
4 EL Wasser; 2 EL fein gehackter frischer Dill;
Saft von 1/2 Zitrone;
2 EL abgetropfter Joghurt (vorzugsweise aus Schafsmilch);
einige Dillstängel zum Garnieren

Die Bohnen enthülsen und 30 Sekunden in kochendem Wasser blanchieren. Danach die zähe weiße Außenhaut abziehen.

Die Frühlingszwiebeln samt den grünen Teilen sowie den Knoblauch fein hacken. In einer schweren Bratpfanne 2 EL Olivenöl bei mittlerer Temperatur erhitzen. Die Frühlingszwiebeln und den Knoblauch hineingeben und 3–4 Minuten braten, bis die Zwiebeln weich sind. Dann die Bohnen hinzufügen und die Mischung unter ständigem Rühren weitere 2 Minuten garen. Mit Salz und Pfeffer würzen. Das Wasser und den gehackten Dill dazugeben und das Ganze noch 5 Minuten garen, bis die Bohnen weich sind und die Flüssigkeit verdampft ist.

Die Mischung in der Küchenmaschine pürieren. Dabei nach und nach Zitronensaft, Joghurt und das restliche Olivenöl dazugeben, so dass eine glatte, cremige hellgrüne Paste entsteht. Mit Dill garniert servieren und Brot dazu reichen.

Joghurt-Gurken-Salat

Dieser Salat, in Griechenland *tzatziki* und in der Türkei *cacık* genannt, ist besonders erfrischend im Sommer. Auch in Ägypten, Libanon und Syrien ist er sehr beliebt.

2 mittelgroße Gurken (ca. 500 g);
1 TL Meersalz; 1 große Prise Zucker;
2 Knoblauchzehen, abgezogen und fein gehackt;
1 TL getrocknete Minze; 2 EL eisgekühltes Wasser;
400 g abgetropfter Joghurt

Die Gurken schälen und der Länge nach halbieren. Jede Hälfte zunächst wiederum längs in vier gleich breite Streifen schneiden und danach quer in gleich breite Stücke, so dass letztlich kleine Würfel entstehen. Die Gurkenwürfel mit dem Salz und dem Zucker bestreuen und 10 Minuten stehen lassen.

Das entzogene Wasser weggießen und die Gurkenwürfel mit den Händen gut ausdrücken. Den Knoblauch, die Minze und die 2 EL Eiswasser mit dem Joghurt verrühren; dann die Gurkenwürfel untermischen. Gut gekühlt servieren.

Anmerkung Im Sommer wird diese Mischung häufig mit Eiswasser verdünnt und mit darin schwimmenden Eiswürfeln als Suppe serviert *(S. 26)*.

Joghurt mit Knoblauch und Kresse

Als wir einmal an der türkischen Südküste in einem Restaurant einkehrten, das auf Forellen spezialisiert war, saßen wir neben einer natürlichen Quelle, die den Forellenbach speiste. In dem kühlen Wasser wiegten Büschel von Brunnenkresse hin und her. Und wann immer einer der Kellner Kresse benötigte, suchte er sich ein Büschel aus, pflückte es und schüttelte die Wassertropfen ab. So auch für dieses *meze* aus Joghurt mit Knoblauch, das sich vor einer gegrillten Forelle als herrlich erfrischende Vorspeise erwies.

250 ml dicker abgetropfter Joghurt;
2 dicke Knoblauchzehen, abgezogen und fein gehackt;
Meersalz und frisch gemahlener schwarzer Pfeffer;
1 Bund Brunnenkresse, abgespült und abgetropft;
2 EL kaltgepresstes Olivenöl

Den Joghurt mit dem Knoblauch verrühren und mit reichlich Salz und Pfeffer würzen. Die Brunnenkresse auf einem Teller anrichten. Den gewürzten Joghurt darauf verteilen, Öl darüber träufeln und den Salat vor dem Servieren gut kühlen.

Variante Wenn frischer Portulak angeboten wird, können Sie ihn in diesem Rezept anstelle der Brunnenkresse verwenden. Die Gemüsepflanze hat fleischige Stängel und grüne, leicht pelzige Blätter und zeichnet sich durch einen weniger intensiven Geschmack aus.

Auberginen mit Joghurt

2 Auberginen (je 250–300 g); Olivenöl;
2 Knoblauchzehen, abgezogen; 1/2 TL grobes Meersalz;
1 große Hand voll frische Minzeblätter;
300 ml abgetropfter Joghurt (vorzugsweise aus Schafsmilch)

Den Backofen auf 200 °C vorheizen. Die Auberginen waschen und für 20 Minuten in den vorgeheizten Backofen legen. Wenn sie so weit abgekühlt sind, dass man sie anfassen kann, die Auberginen der Länge nach halbieren, aber so, dass die Hälften am Stielende noch verbunden bleiben. Die Hälften vorsichtig auseinander klappen. Die Schnittflächen mit Olivenöl einpinseln und die Auberginen für weitere 40 Minuten in den Ofen legen, bis ihre Oberfläche gebräunt und das Fruchtfleisch weich ist. In der Zwischenzeit die abgezogenen Knoblauchzehen zusammen mit dem Salz im Mörser zerdrücken. Die Minzeblätter hinzufügen und ebenfalls zerdrücken. Die Mischung in den abgetropften Joghurt rühren.

Die Schnittflächen der gegarten Auberginen mit einem scharfen Messer in Längsrichtung mehrfach einritzen. Das Fruchtfleisch flach drücken und die Joghurtmischung darauf häufen. Sofort servieren. Die Auberginenhälften lassen sich am besten verzehren, indem man das warme, weiche Fruchtfleisch und den kühlen Joghurt mit dem Löffel heraushebt.

Grasende Schafe auf Kreta.

OBEN: Zubereitung von Böreği. GEGENÜBER: Fertige Käse-„Zigarren".

Teigpasteten Die türkische Urbevölkerung waren Nomaden aus den Steppen im Grenzgebiet zu China und zur Mongolei, und auf dieses Erbe sollen die köstlichen Pasteten zurückzuführen sein. Es wird vermutet, dass die Teigröllchen und -päckchen eine Weiterentwicklung der in der mongolischen und chinesischen Küche bis heute geschätzten Klöße sind. Traditionell werden *böreği* aus einem mit Wasser versetzten Teig zubereitet und mit Käse gefüllt. Heutzutage gibt es *böreği* jedoch aus allen möglichen Teigarten und Füllungen, und überdies werden sie frittiert, gebacken, gedämpft oder gekocht angeboten. Für welche Variante Sie sich auch entscheiden – ohne einen Teller mit *böreği* bleibt ein *meze* unvollständig.

Im gesamten östlichen Mittelmeerraum sind Pasteten verbreitet, die den türkischen *böreği* ähneln. Ich mag besonders gern die kleinen griechischen *spanakópita* aus Filo-Teig, die mit Feta-Käse und einem *horta* genannten Wildgemüse gefüllt sind, aber auch die libanesischen Mürbeteig-*sanbusak* mit einer pikanten Füllung aus Lammfleisch, Pinienkernen und Rosinen sowie die als *pastele* bezeichneten kleinen Pastetchen aus Olivenölteig mit einer Auberginenfüllung.

Pastetenteig In der Türkei wird für Pasteten in der Regel *yufka* verwendet, der mit dem griechischen Filo- (Phyllo-)Teig oder in etwa auch unserem Strudelteig vergleichbar ist. Es gibt ihn in verschiedenen Formen und Stärken zu kaufen, von großen, runden Teigblättern zur Herstellung von *gözleme (S. 114)* bis hin zu hauchdünnen, aus denen *böreği* gerollt werden. Da die Zubereitung sehr viel Geschick erfordert, verwenden selbst türkische Hausfrauen meist fertig gekauften *yufka*. Falls Sie kein türkisches Lebensmittelgeschäft in Ihrer Nähe haben, können Sie *yufka* auch durch Filo-Teig oder notfalls auch Strudelteig ersetzen.

Böreği – Käse-„Zigarren"

Ergibt 8–12 Stück *175 g Feta-Käse, abgetropft; 1 großes Ei; 1 EL fein gehackter frischer Dill; 1 EL fein gehackte frische Minze; 2 EL fein gehackte frische glatte Petersilie; frisch gemahlener schwarzer Pfeffer; 1 Paket Yufka- oder Filo-Teig (mindestens 12 Teigblätter); Sonnenblumenöl zum Frittieren*

Den Feta-Käse zerkrümeln und mit dem Ei und den gehackten Kräutern gut vermengen. Mit Pfeffer nach Geschmack würzen. Einen Teigstreifen von etwa 8 cm Breite auf der Arbeitsfläche ausbreiten (je nachdem, welche Form Ihre Teigblätter haben, daraus einen oder zwei lange Streifen zurechtschneiden.) Die restlichen Teigblätter bis zur Verarbeitung mit einem feuchten Küchentuch bedecken.

Die Pasteten füllen und formen Auf das zu Ihnen zeigende Teigende 1 gehäuften TL Käsemischung geben. An den beiden Längsseiten einen jeweils 1 cm breiten Rand nach innen schlagen. Den Teigstreifen von dem zu Ihnen weisenden Ende mit der Füllung her so aufrollen, dass eine Zigarrenform entsteht. Das Teigende mit Wasser anfeuchten. Die Teigrolle auf einen Teller legen und mit einem weiteren feuchten Küchentuch bedecken.

Die Pasteten frittieren In eine Bratpfanne so viel Öl gießen, dass die Teigrollen beim Frittieren bedeckt sein werden, und das Öl erhitzen. Wenn es so heiß ist, dass ein hineingeworfener Brotwürfel rasch goldbraun wird, ein paar „Zigarren" in die Pfanne geben. Sie sind fertig, wenn der Teig goldbraun ist. Auf Küchenkrepp abtropfen lassen und ganz heiß servieren.

Abbildung Seite 53.

Pasteten mit Pastırma und Käse

Pastırma ist mit Paprika, Kümmel und Knoblauch gewürztes luftgetrocknetes Fleisch. Es entstand ursprünglich aus der Notwendigkeit, Fleisch nach der Schlachtung haltbar zu machen, und wurde einst aus Ziegen- oder Kamelfleisch, aber auch aus Rind- oder Kalbfleisch hergestellt. Seine Verwendung in Pasteten war ein Zeichen ausschweifender Genusssucht, wie sie für den Sultanspalast typisch war.

Ich hatte das Vergnügen, diese Delikatesse erstmals in der herrlichen ehemaligen Suppenküche neben der Familiengruft des Sultans Süleiman I. („dem Prächtigen") in Bursa auszuprobieren. Später entdeckte ich, dass die Pasteten heute in der ganzen Türkei beliebt sind. Ich mag besonders gern die im Süden übliche Variante, die statt mit Butter mit Olivenöl zubereitet wird. Der hier verwendete Schmelzkäse ist nicht sonderlich osmanisch, eignet sich aber sehr gut als Füllung.

Für 6 Pasteten *6 Yufka- oder Filo-Teigblätter; 12 Scheiben Pastırma, harte Ränder entfernt; 6 dünne Scheiben Schmelzkäse; 200 g Feta-Käse; gehackter frischer Dill; kaltgepresstes Olivenöl*

Den Backofen auf 200 °C vorheizen. Ein Teigblatt ausbreiten; den restlichen Teig mit einem feuchten Küchentuch bedecken. Eine Scheibe *pastırma* auf den Teig legen und einmal umschlagen. Dann eine Scheibe Schmelzkäse darauf legen und ebenfalls umschlagen. Die Oberfläche des geschichteten Päckchens mit etwas Feta-Käse und Dill bestreuen und den verbliebenen Teigabschnitt darüber schlagen. Das Ergebnis ist ein flaches Teigstück mit einer Füllung in drei Schichten. Die anderen Pasteten auf die gleiche Weise herstellen.

Die Pasteten bis zum Backen mit einem feuchten Tuch bedecken. Dann nicht zu sparsam mit Olivenöl beträufeln und backen, bis sie knusprig braun sind. Die Pasteten werden direkt aus dem Ofen serviert und mit den Fingern gegessen.

Teigtaschen mit Spinat und Käse

In Griechenland werden diese *spanakópita* genannten Pasteten mit selbst gesammeltem wildem Blattgemüse zubereitet oder mit Blattgemüse aus dem Garten – beliebt sind Mangold oder die Blätter von roter Bete. Eine gute Alternative ist Spinat. Wenn Ihnen die Herstellung von vielen kleinen Päckchen zu umständlich erscheint (obgleich es wesentlich einfacher ist, als es sich anhört!), können Sie stattdessen auch eine große runde Pastete zubereiten.

675 g frischer Spinat; 2 EL Olivenöl;
4 Frühlingszwiebeln samt den grünen Teilen,
  fein gehackt; 1 große Prise geriebene Muskatnuss;
Meersalz und frisch gemahlener schwarzer Pfeffer;
125 g Ricotta-Käse; 125 g Feta-Käse, abgetropft;
1 große Hand voll frische glatte Petersilie, fein gehackt;
60 g Butter; 1 Paket Filo-Teig

Den Spinat gründlich waschen und nur kurz abtropfen lassen, so dass noch Wasser an den Blättern haftet. Den Spinat in einen schweren Topf geben und zugedeckt bei mittlerer Hitze etwa 5 Minuten blanchieren, bis die Blätter zusammenfallen; zwischendurch ein oder zwei Mal rühren, damit sie nicht ansetzen. Wenn die Blätter völlig zusammengefallen sind, den Spinat in einen Durchschlag geben und unter fließendem kaltem Wasser abschrecken. Überschüssiges Wasser mit den Händen herausdrücken. Den Spinat fein hacken.

In einer schweren Bratpfanne das Öl erhitzen und die Fühlingszwiebeln darin etwa 5 Minuten braten, bis sie weich sind. Den gehackten Spinat mit Muskat und reichlich Pfeffer würzen und nur leicht salzen, da der Feta-Käse salzig ist. Alles gut verrühren und das Gemüse noch 1 Minute garen. Dann von der Kochstelle nehmen und abkühlen lassen.

Mit einer Gabel die beiden Käsesorten zerdrücken und vermengen. Mit etwas Pfeffer würzen, aber nicht salzen. Wenn die Spinatmischung völlig abgekühlt ist, die Käsemasse und die Petersilie dazugeben und alles mit einer Gabel gründlich vermischen.

Wenn die Pasteten gebacken werden sollen, den Backofen auf 180 °C vorheizen. Die Butter zerlassen und abschäumen. Die Filo-Teigblätter bereitlegen und mit einem feuchten Küchentuch bedecken.

Den Teig füllen Traditionell werden diese Pasteten zu Dreiecken geformt. Ein rechteckiges Teigblatt längs in zwei gleich breite Streifen schneiden. Die Teigstreifen mit etwas zerlassener Butter bestreichen. Auf das untere Ende eines Streifens auf die rechte Hälfte (bzw. umgekehrt, wenn Sie Linkshänder sind) 1 gehäuften TL Füllung geben. Dann die linke Ecke nach oben so über die Füllung schlagen, dass am unteren Ende des Teigstreifens ein Dreieck entsteht. Das Dreieck entlang seiner oberen Kante umschlagen, so dass seine rechte Kante mit der rechten Kante des Teigstreifens zur Deckung kommt. Danach das Dreieck zur linke Kante des Teigstreifen hin falten Auf diese Weise fortfahren, bis die obere Kante erreicht ist. Das lose Teigende andrücken. Glauben Sie mir, es ist einfacher als es sich anhört.

Die fertige Teigtasche mit zerlassener Butter bestreichen und mit der Nahtstelle nach unten auf ein Backblech legen. Weitere Teigtaschen herstellen, bis der Teig oder die Füllung aufgebraucht ist.

Die Teigtaschen im vorgeheizten Backofen etwa 15–20 Minuten backen, bis sie knusprig und goldbraun sind. Am besten noch warm servieren.

Auberginen-Pastetchen

Diese *pastele* sollen von den spanischen Juden, die nach dem Zusammenbruch der maurischen Herrschaft ins Osmanische Reich kamen, eingeführt worden sein. Heute erfreut sich das Gebäck besonders in Istanbul und Izmir großer Beliebtheit.

Für die Füllung   *1 große Aubergine (ca. 300 g);*
Meersalz; 4 EL Olivenöl;
1 mittelgroße Zwiebel, abgezogen und fein gehackt;
1 TL Zucker; 1 TL gemahlener Kreuzkümmel;
frisch gemahlener schwarzer Pfeffer;
2 mittelgroße Tomaten, abgezogen, Samen entfernt,
*   in Würfel geschnitten*
Für den Teig   *300 g Mehl; 1/2 TL Meersalz; 4 EL Olivenöl;*
3–4 EL warmes Wasser; 1 Eigelb; Sesamsamen

Café Naufara in Damaskus, Syrien.

Die Aubergine in Würfel schneiden und mit reichlich Salz bestreuen. In einen Durchschlag geben, mit einem Teller bedecken, diesen beschweren und 30 Minuten stehen lassen, um dem Fruchtfleisch Wasser zu entziehen.

Für die Füllung das Öl in einer Pfanne erhitzen und die Zwiebelstücke darin in etwa 10 Minuten goldgelb braten. Die Auberginenwürfel gründlich abspülen und mit einem Küchentuch trockentupfen. Zusammen mit Zucker, Kreuzkümmel und reichlich Pfeffer in die Pfanne geben. Die Auberginenwürfel bei schwacher Hitze etwa 15 Minuten anschwitzen, bis sie weich sind; zwischendurch umrühren, damit sie nicht ansetzen. Dann die Tomaten hinzufügen und das Gemüse unter gelegentlichem Rühren noch 15 Minuten garen. Einige Minuten vor Ende der Garzeit die Temperatur heraufschalten und überschüssiges Öl abgießen. Die Gemüse mit einer Gabel zerdrücken und abkühlen lassen.

In der Zwischenzeit den Teig zubereiten, der schnell gemacht ist und auch nicht zu ruhen braucht. Das Mehl zusammen mit dem Salz sieben. Mit einem Holzlöffel das Öl hineinrühren. Dann nach und nach unter ständigem Rühren das warme Wasser dazugießen, bis ein geschmeidiger Teig entsteht – je nach Beschaffenheit des verwendeten Mehls brauchen Sie vielleicht etwas mehr oder etwas weniger Wasser. Den Teig etwa 30 Sekunden kneten, bis eine glatte Teigkugel entsteht.

Den Backofen auf 200 °C vorheizen. Den Teig in zwei gleich große Portionen teilen und eine Portion auf einer bemehlten Arbeitsfläche ausrollen. Mit einem runden Teigausstecher – ich benutze dazu eine Tasse – sechs Teigscheiben von etwa 10 cm Durchmesser ausstechen. In die Mitte jeder Teigscheibe 1 TL Füllung geben und eine Teighälfte so über die andere klappen, dass ein halbmondförmiges Päckchen entsteht. Die Ränder mit den Fingern zusammendrücken und die Pastetchen auf ein gefettetes Backblech legen. Aus dem restlichen Teig auf die gleiche Weise sechs weitere Pastetchen herstellen.

Die Pastetchen mit dem Eigelb bestreichen und mit Sesamsamen bestreuen. Im vorgeheizten Backofen in etwa 30 Minuten goldgelb backen. Am besten schmecken sie warm direkt aus dem Ofen.

Libanesische Fleischpasteten

Für den Teig *250 g Mehl; 1 große Prise Salz;*
60 g Butter; 1 EL Olivenöl; 4–6 EL kaltes Wasser;
1 Eigelb, geschlagen, für die Glasur

Mehl und Salz sieben und einige Vertiefungen in die Oberfläche drücken. Die Butter zusammen mit dem Öl zerlassen; sie darf nicht bräunen. Das flüssige Fett etwas abkühlen lassen und anschließend in die Vertiefungen im Mehl gießen. Rasch 4 EL kaltes Wasser dazugeben und die Zutaten mit den Fingern zu einem Teig vermengen; falls nötig, noch etwas kaltes Wasser hinzufügen und den Teig so wenig wie möglich bearbeiten. Den Teig für 30 Minuten in den Kühlschrank legen.

Für die Füllung *30 g Butter; 1 EL Olivenöl;*
1 gehäufter EL Pinienkerne;
1 kleine Zwiebel, abgezogen und fein gehackt;
175 g Hackfleisch vom Lamm;
Salz und frisch gemahlener schwarzer Pfeffer;
$^{1}/_{2}$ TL gemahlener Zimt; $^{1}/_{2}$ TL Piment;
1 gehäufter EL gehackte frische glatte Petersilie;
2 TL Sumach (nach Belieben)

Butter und Öl in einer schweren Bratpfanne bei mittlerer Temperatur erhitzen und die Pinienkerne darin goldbraun braten. Vorsicht – sie verbrennen leicht! Die Pinienkerne mit einem Schaumlöffel aus der Pfanne heben und auf Küchenkrepp abtropfen lassen. Die Zwiebelstücke in die Pfanne geben und unter häufigem Rühren in etwa 5 Minuten goldgelb braten. Dann das Hackfleisch zusammen mit reichlich Salz und Pfeffer sowie Zimt und Piment dazugeben und unter ständigem Rühren 4–5 Minuten braten, bis es gebräunt ist. Die Pfanne vom Herd nehmen und gehackte Petersilie, Pinienkerne und, sofern verwendet, Sumach untermischen. Die Füllung abkühlen lassen.

Den Teig füllen Den Teig aus dem Kühlschrank nehmen und dünn ausrollen, dann zwölf runde Scheiben von etwa 8 cm Durchmesser ausstechen. In die Mitte jeder Teigscheibe etwas Hackfleischmischung geben und eine Teighälfte über die andere schlagen. Die Ränder mit dem Rücken einer Gabel zusammendrücken, so dass die Pasteten versiegelt sind und ein hübscher gewellter Rand entsteht.

Die Pasteten backen Den Backofen auf 200°C vorheizen. Die Pasteten mit zerlassener Butter bestreichen und auf ein gefettetes Backblech legen. Für 15 Minuten in den Backofen schieben. Dann herausnehmen und die Oberfläche mit dem geschlagenen Eigelb bestreichen. Die Pasteten noch etwa 10 Minuten weiter backen, bis sie eine schöne goldbraune Farbe haben. Warm servieren.

Dominospieler im libanesischen Tripoli.

Rogen mit Knoblauch und Öl

Da die Störe des Schwarzen und Kaspischen Meeres, die den Feinschmeckern die so begehrten „schwarzen Perlen des Meeres" liefern, mittlerweile vom Aussterben bedroht sind, hat man eine neue Art von Kaviar ausfindig gemacht – den gepressten Rogen der Meeräsche. Dieser „Kaviar" hat bereits eine stattliche Zahl von Anhängern gefunden.

Der allerbeste wird in Form einer Wurst in einer gelben Wachshülle angeboten, etwa in Istanbuls Ägyptischem Basar. In dem berühmten Pandeli Restaurant über dem Eingang zum Basar können Sie, umgeben von schönen Fayencefliesen und mit Blick auf das Goldene Horn, diese köstliche Delikatesse genießen. Hier serviert man Ihnen den *bottarga*, wie dieser Rogen genannt wird, in Reinform, während man im Libanon als Ausgleich zu dem sehr intensiven Rogengeschmack noch fein gestiftelten rohen Knoblauch und ein paar Tropfen feinstes Olivenöl dazugibt *(Abbildung unten)*.

Bottarga wird gut gekühlt gegessen und stets in der gelben Wachshülle serviert, damit er die Form behält, wenn man ihn in dünne Scheiben schneidet. Natürlich sollte man die Wachshaut nicht mitessen, wie ich es einmal bei unkundigen Restaurantgästen beobachtete; vielmehr sollte man sie vorher vorsichtig mit den Fingern abziehen.

Die Süleymaniye-Moschee, von der Galata-Brücke aus gesehen.

Muscheln in Bierteig

An den Ufern des Bosporus, insbesondere in der Umgebung von Istanbuls Galata-Brücke, wo die Pendler-Fähren an- und ablegen, sind diese frittierten Muscheln in knuspriger Teighülle ein beliebter Imbiss. In osmanischer Zeit hätte man den Teig vermutlich mit frischer Hefe zubereitet, um ihn locker zu machen, aber Bierteig ist eine praktische Alternative.

1,5 kg Miesmuscheln in der Schale;
125 g Mehl; 1 TL Salz;
2 große Eier; ¹⁄₄ l helles Bier;
Sonnenblumenöl zum Frittieren;
1 Zitrone, in Viertel geschnitten

Die Muscheln gründlich waschen, bürsten und entbarten. In einen Topf mit Deckel geben und zugedeckt bei starker Hitze 2–3 Minuten im eigenen Saft dämpfen, bis sich die Schalen öffnen. Abkühlen lassen.

Das Mehl mit dem Salz sieben. Die Eier trennen und das Eigelb schlagen. In die Mitte des Mehles eine Vertiefung drücken und das Eigelb hineingeben. Dann ganz langsam das Bier dazugießen; dabei mit einem Holzlöffel ständig rühren und auch das Mehl vom Schüsselrand einarbeiten. Weiter rühren, bis das ganze Bier hinzugefügt und ein glatter Teig entsteht. Den Teig etwa eine halbe Stunde lang ruhen lassen.

In der Zwischenzeit die geöffneten Muscheln aus der Schale lösen. Alle Exemplare mit beschädigter oder nicht geöffneter Schale wegwerfen.

Da die frittierten Muscheln sofort gegessen werden müssen, erst kurz vor dem Servieren mit dem Frittieren beginnen. Dazu in eine Bratpfanne 2 cm hoch Öl gießen und bei mittlerer Temperatur erhitzen. Das Eiweiß steif schlagen und behutsam unter den Bierteig ziehen. Sobald das Öl so heiß ist, dass ein hineingeworfener Brotwürfel rasch knusprig wird, einige Muscheln in den Teig tauchen und danach ins heiße Öl geben. Nicht zu viele Muscheln auf einmal frittieren. Wenn sich der Teig nach 1–2 Minuten goldbraun färbt, die Muscheln mit der Schaumkelle herausheben. Die frittierten Muscheln sofort zusammen mit Zitronenvierteln zum Beträufeln servieren. Traditionell wird *tarator*-Sauce *(siehe Fisch-Kebabs, S. 72)* dazu gereicht.

Varianten Frittierte Ringe von Tintenfisch oder Kalmar werden ebenfalls häufig mit *tarator*-Sauce serviert. Eine schmackhafte Alternative ist eine einfache Sauce aus gehacktem frischen Knoblauch, frischem Zitronensaft und kaltgepresstem Olivenöl.

Grill- und Pfannengerichte

Für eine Armee, die ständig auf dem Vormarsch war, waren Kebabs im Grunde die ideale Verköstigung. Doch musste das osmanische Heer angesichts des beachtlichen Tempos, in dem es vorrückte, meistens lediglich mit Reis und vom Wegesrand gesammelten Wildgemüsen und Früchten vorlieb nehmen. Wenn sich aber für die Truppen die Gelegenheit ergab, ihre reich verzierten Zelte aufzuschlagen (angeblich konnten sie in weniger als zwei Stunden ein Lager von der Größe einer Kleinstadt errichten), dann sammelten sie Feuerholz, schlachteten Schafe oder Ziegen und grillten das Fleisch über Holzkohlenglut oder machten ein Feuer, über dem sie *firin*-Kebabs kochten. Diese Eintopfgerichte wurden in den riesigen Kesseln zubereitet, die den Janitscharen so viel bedeuteten wie ihre Regimentsfahne. An siegreichen Tagen nahmen sie sich die Zeit, eine Grube zu graben, mit Holz zu füllen und über dem Feuer ein ganzes Lamm am Spieß zu braten.

Natürlich war das Grillen von Fleisch über einem Holzfeuer nichts Neues – es zählt zu den ältesten Garmethoden der Welt, die sicherlich auch die Turkvölker praktizierten, als sie noch als

Nomaden durch die Steppen streiften. Ungewöhnlich war für jene Zeit jedoch die Tatsache, dass die Köche des Topkapı-Palastes erkannten, welch einmaligen Geschmack Fleisch und Fisch entwickelten, wenn man sie über duftendem Holzfeuer garte, und diese Methode von einer rein zweckdienlichen zu einer besonders erlesenen Zubereitungsart erhoben.

Die Osmanen waren leidenschaftliche Anhänger des Grillens, und diese Leidenschaft hat sich bis in die moderne Türkei erhalten. Gegrilltes Fleisch ist noch immer das beliebteste Essen für Fest- und Feiertage. Die Leute wollen zuschauen können, wie ihre Speisen gegart werden. Es gibt zahlreiche Restaurants, in denen den Gästen (ganz im Stil der Steppe) ein Grill an den Tisch gebracht wird, dazu ein Teller voll mit Fleisch und eine Platte mit rohem Gemüse, die sie dann nach eigenem Geschmack grillen können. Und schließlich gibt es natürlich auch noch den Döner-Kebab, eine relativ moderne Erfindung, der angeblich im 19. Jahrhundert in Iskenders Restaurant in der ehemaligen osmanischen Hauptstadt Bursa kreiert wurde. Für die Zubereitung im häuslichen Rahmen ist er aber kaum geeignet.

Kebabs

Die Türken behaupten, dass die Angewohnheit, Fleischstücke über Holzkohlenglut zu grillen, wie noch vieles andere mehr ursprünglich aus dem Kaukasus kommt und von dort aus über das Mittelmeer Verbreitung gefunden hat. Fest steht jedenfalls, dass die Türken die Kebab-Zubereitung meisterhaft beherrschen. Was die klassischen şiş kebabı angeht, können sich die Straßenverkäufer vorzüglicher Marinaden rühmen – aus Joghurt und Gewürzen oder aus Olivenöl, Zitronensaft und frischen Kräutern.

Für die Kebabs *Etwa 675 g Lammfleisch (aus der Schulter oder Keule), in große Würfel geschnitten (diese Menge dürfte für 4 Personen mit normalem Appetit ausreichen, allerdings nicht nach türkischen Maßstäben)*
2 alternative Marinaden *1 große weiße Zwiebel, abgezogen, halbiert und in dünne Scheiben geschnitten; Saft von 2 Zitronen; 6 EL kaltgepresstes Olivenöl; Meersalz und frisch gemahlener schwarzer Pfeffer; 1 Bund glatte Petersilie; ein paar frische Thymianzweige*
oder
250 ml dicker, abgetropfter Joghurt; 1 TL frisch gemahlener schwarzer Pfeffer; 1/2 TL Meersalz; 1 TL Paprikapulver; 1/2 TL Cayennepfeffer (oder nach Geschmack); 1 EL Tomatenmark

Für die Marinade, gleich welche Sie wählen, die Zutaten vermischen und über das Fleisch gießen. Das Fleisch nach Möglichkeit über Nacht marinieren und zwischendurch ein oder zwei Mal in der Marinade wenden, damit es gleichmäßig überzogen ist. Wenn das Fleisch gegrillt werden soll, die Holzkohlenglut vorbereiten (oder wenn Sie einen Elektrogrill benutzen, diesen auf höchster Stufe vorheizen). Von den Fleischwürfeln die Marinade abschütteln und dann jeweils mehrere Würfel auf Spieße stecken. Die Kebabs grillen, bis das Fleisch außen schön gebräunt, innen aber noch rosa ist – zur Garprobe ein Stück anschneiden. Am besten mit reichlich Fladenbrot und einem oder zwei Salaten servieren.

Adana-Kebabs

Kebabs können aus Lammhack oder ganzen Fleischstücken zubereitet werden. Diese würzige Variante kommt aus Adana im Südosten der Türkei. Traditionell wurden Kebabs auf einem Säbel gegrillt, aber ein Spieß tut es auch.

675 g Lammfleisch, fein gehackt; 4 kleine getrocknete rote Chilischoten (oder mehr, wenn Sie es scharf mögen); 1 TL Meersalz; 1 TL frisch gemahlener schwarzer Pfeffer; 2 kleine rote Zwiebeln, abgezogen und fein gehackt; 3 Knoblauchzehen, abgezogen und fein gehackt; 2 große Hand voll frische glatte Petersilie; 8 lange Metallspieße; 2 Zitronen, in Viertel geschnitten

Das fein gehackte Lammfleisch in die Küchenmaschine geben und die Gewürze, die Zwiebeln, den Knoblauch und die Petersilie hinzufügen. Die Maschine ganz kurz anschalten, nur so lange, bis die Zutaten gut vermischt sind und die Masse eine feine Struktur hat. Alternativ können Sie das Hackfleisch und die Würzzutaten auch mit den Händen gründlich verkneten. Die Fleischmischung mehrere Stunden stehen lassen, damit das Fleisch die Aromen der Würzzutaten aufnimmt.

Zum Grillen der Kebabs die Holzkohlenglut vorbereiten oder, falls kein Holzkohlengrill zur Verfügung steht, den Elektrogrill auf höchster Stufe vorheizen. Die Hände mit warmen Wasser befeuchten und von der Hackfleischmasse eine eigroße Menge abnehmen. Diese mit den Händen so zu einer flachen Wurst um einen Spieß formen, dass an beiden Enden noch ein Stück des Spießes frei bleibt. Auf diese Weise auch die übrigen sieben Hackfleischspieße herstellen. Die Kebabs auf jeder Seite 4–5 Minuten grillen, bis sie durchgegart sind. Mit Zitronenvierteln zum Beträufeln der Kebabs und reichlich Brot servieren. Eine empfehlenswerte Beilage sind gegrillte grüne Paprikaschoten mit Joghurt.

VORHERIGE SEITEN: Am Ufer des Bosporus werden Sardinen gegrillt. GEGENÜBER: Adana-Kebabs.

Lamm-Kebabs mit Joghurt

Auf Brot servierte und mit Tomatensauce und Joghurt überzogene Fleischspieße sind eine vollwertige Mahlzeit. Diese mild gewürzte Version basiert auf einem Gericht, das ich in der syrischen Hauptstadt Damaskus gegessen habe.

Für die Kebabs *675 g Lammfleisch (aus der Schulter oder Keule), in mundgerechte Stücke geschnitten; 1 große milde Zwiebel, abgezogen und gerieben; Saft von 1 Zitrone; 2 EL Olivenöl; 2 dicke Knoblauchzehen, abgezogen und zerdrückt; 1 TL gemahlener Kreuzkümmel; 1 TL Paprikapulver; 1 Zweig frischer Thymian; Meersalz und frisch gemahlener schwarzer Pfeffer*
Für die Sauce *3 EL Olivenöl; 675 g Tomaten, abgezogen, entkernt und gehackt; 1 große Prise Zucker; 1 TL Tomatenmark; Meersalz und frisch gemahlener schwarzer Pfeffer*
Zum Servieren *2 Pitta-Brote oder anderes Fladenbrot; 350 ml dicker, abgetropfter Joghurt (Raumtemperatur); 30 g Pinienkerne; 1 TL Paprikapulver; 1 große Hand voll glatte Petersilie, grob gehackt*

Alle Kebab-Zutaten vermischen. Das Fleisch mindestens 3–4 Stunden marinieren und zwischendurch wenden.

Für die Tomatensauce 1 EL Olivenöl in einem Topf erhitzen und die gehackten Tomaten mit Zucker, Tomatenmark sowie etwas Salz und Pfeffer hinzufügen. Die Tomaten 10 Minuten unter gelentlichem Rühren schwach köcheln lassen.

Das Fleisch aus der Marinade nehmen und auf Spieße stecken. Die Kebabs auf jeder Seite 4–5 Minuten nach Möglichkeit über Holzkohlenglut grillen. Zwischendurch das Fleisch ab und zu mit Marinade bestreichen.

Während das Fleisch gart, die Brote der Länge nach halbieren und auf beiden Seiten hellbraun toasten. Dann in viereckige Stücke brechen und auf dem Boden einer Servierschüssel verteilen. Die Tomatensauce über das Brot gießen. Die Kebabs darauf legen und mit dem Joghurt überziehen.

Die Pinienkerne kurz goldbraun rösten. Das restliche Öl erwärmen und das Paprikapulver einrühren. Den Joghurt mit dem Paprika-Öl beträufeln und mit den Pinienkernen und der Petersilie bestreut servieren.

Lamm-Kebabs mit Auberginen

2 mittelgroße Auberginen (je 200–250 g); Meersalz; 600 g Hackfleisch vom Lamm; 2 TL Paprikapulver; 1 TL Chiliflocken; 1 TL Sumach (nach Belieben); 1/2 TL frisch gemahlener schwarzer Pfeffer; Olivenöl; 4 Metallspieße

Die Auberginenenden entfernen und jede Frucht quer in sechs etwa 2 cm dicke Scheiben schneiden. Die Auberginenscheiben mit reichlich Salz bestreuen und in einem Durchschlag eine halbe Stunde stehen lassen, um ihnen Flüssigkeit zu entziehen.

In der Zwischenzeit das Lammhack mit den Gewürzen und etwas Salz vermischen und gut kneten, bis die Mischung eine glatte Struktur hat. Dann acht etwa gleich große Bällchen daraus formen.

Die Auberginenscheiben abspülen und trockentupfen. Ein Fleischbällchen auf eine Auberginenscheibe legen und flach drücken. Mit einer zweiten Auberginenscheibe bedecken, gefolgt von einer weiteren Schicht Hackfleisch und einer abschließenden Auberginenscheibe. Das Ganze auf einen Spieß stecken und auf ein gefettetes Backblech legen. Die anderen drei Kebabs auf die gleiche Weise zusammenstellen. Die Außenseite der Auberginen mit reichlich Öl bestreichen.

Zu diesem Zeitpunkt sollte die Holzkohlenglut vorbereitet bzw. der Elektrogrill vorgeheizt sein. Die Kebabs 20–25 Minuten grillen, bis die Schale der Auberginen fast schwarz und runzlig und das Fleisch schön gebräunt ist.

Lammfleisch mit Auberginenpüree

Der türkische Name dieses Gerichts, *hünkâr beğendi*, bedeutet so viel wie „Majestät war entzückt" und soll sich auf Kaiserin Eugénie beziehen. Die Gemahlin Napoleons III. genoss anlässlich ihres Besuches in Istanbul im Jahre 1862 die Gastfreundschaft des Sultans und war angeblich von diesem Gericht so angetan, dass sie ihren Leibkoch in die Palastküche schickte, um das Rezept zu erhalten. Der Küchenchef des Sultans soll den Besucher empört hinausgeworfen haben mit den Worten „ein Koch des Sultans kocht allein nach Gefühl, Augenmaß und Nase!". Alles schön und gut, aber ich finde ein Rezept auch ganz hilfreich.

4 kleine oder 3 große Auberginen (ca. 700–800 g);
80 g Butter; 1 Gemüsezwiebel, abgezogen und fein gehackt;
Salz und frisch gemahlener schwarzer Pfeffer;
500 g Lammfleisch ohne Knochen (aus Schulter oder Keule),
*   in Würfel geschnitten;*
4 Tomaten (ca. 400 g), abgezogen, Samen entfernt, gehackt
2 EL Tomatenmark; 1/2 l Wasser; 1 TL Zucker;
Saft von 1/2 Zitrone; 2 gestrichene EL Mehl;
300 ml Vollmilch; 50 g geriebener Hartkäse (falls kein
*   türkischer Käse verfügbar ist, Greyerzer Käse verwenden)*

Jede Aubergine mit einer Gabel mehrfach einstechen. Dann auf den vorbereiteten Holzkohlegrill bzw. unter den vorgeheizten Elektrogrill legen. Die Auberginen unter regelmäßigem Wenden je nach Größe 20–25 Minuten grillen, bis die Schale rundum fast schwarz und das Fruchtfleisch weich ist.

In der Zwischenzeit die Hälfte der Butter in einer großen, schweren Bratpfanne zerlassen. Die gehackte Zwiebel hinzufügen und bei mittlerer Hitze unter häufigem Rühren in etwa 10 Minuten glasig braten. Das Fleisch mit Salz und Pfeffer kräftig würzen, in die Pfanne geben und etwa 5 Minuten braten, bis es rundum leicht gebräunt ist.

Dann die gehackten Tomaten, das Tomatenmark, Wasser und den Zucker dazugeben. Alles gut vermischen und zum Kochen bringen. Anschließend bei reduzierter Hitze im offenen Topf etwa 50 Minuten schwach köcheln lassen, bis das Fleisch weich und die Sauce eingedickt ist. Zwischendurch die Sauce hin und wieder umrühren und noch etwas Wasser hinzufügen, wenn sie zu trocken wird.

Die fertig gegrillten Auberginen vom Holzkohlegrill bzw. aus dem Elektrogrill nehmen. Wenn sie so weit abgekühlt sind, dass man sie anfassen kann, die Schale abziehen. Das Fruchtfleisch unter Zugabe des Zitronensaftes mit einer Gabel zerdrücken; dann beiseite stellen.

Die restliche Butter in einem schweren Topf zerlassen und das Mehl einrühren. Die Mehlbutter unter Rühren etwa 30 Sekunden weiter erhitzen, bis sie eine goldgelbe Farbe annimmt. Nach und nach die Milch hineinrühren; dabei darauf achten, dass sich keine Klümpchen bilden. Weiter rühren, während die Sauce zum Kochen kommt. Etwa 1 Minute brodeln lassen; dann den Topf vom Herd nehmen. Den geriebenen Käse untermischen und danach das zerdrückte Auberginenfleisch. Die Mischung mit einer Gabel zu einer ziemlich glatten Masse verarbeiten und noch etwa 10 Minuten stehen lassen.

Das Auberginenpüree auf einem Teller anrichten. In die Mitte eine Vertiefung drücken und das Fleisch mit der Tomaten-Zwiebel-Sauce hineingeben.

Gegrillte marinierte Wachteln

8 Wachteln; 200 g abgetropfter Joghurt (vorzugsweise
aus Ziegenmilch); 2 EL Olivenöl; 2 TL Tomatenmark;
1 TL edelsüßes Paprikapulver; 1/2 TL Cayennepfeffer;
Salz und frisch gemahlener schwarzer Pfeffer;
4 lange Metallspieße

Den Joghurt und das Olivenöl mit dem Schneebesen verrühren. Das Tomatenmark, die Gewürze sowie Salz und Pfeffer hinzufügen und gut unterrühren. Die Wachteln in diese Mischung tauchen, bis sie damit gut überzogen sind. Darauf achten, dass auch etwas Joghurt in die Bauchhöhle gelangt. Das Geflügel zugedeckt mindestens 6 Stunden – vorzugsweise aber über Nacht – marinieren.

Die Wachteln am besten über Holzkohlenglut grillen; ersatzweise geht es auch unter dem auf höchster Stufe vorgeheizten Elektrogrill. Beim Holzkohlengrill eine Aluschale zum Auffangen des abtropfenden Bratensaftes unterstellen.

Überschüssige Marinade gut abschütteln und jeweils eine Wachtel auf zwei Spieße stecken; dabei die Spieße jeweils diagonal von einem Flügel zur gegenüberliegenden Keule durch den Vogel stechen. Die Wachteln unter regelmäßigem Wenden grillen, bis die Haut goldbraun ist und kein Blut mehr austritt, wenn man die Keule von der Brust wegzieht. Dafür rechnet man im Elektrogrill zwischen 20 und 25 Minuten; über Holzkohlenglut geht es schneller.

Marinierte Hühnerflügel

Die Libanesen stehen den Türken in ihren Grillkünsten kaum nach. Und was die Zubereitung dieser marinierten Hühnerflügel betrifft, sind sie einfach unschlagbar. Die knusprig gegrillten Flügel werden oft als Teil eines *meze* gegessen, können aber durchaus auch ein Gericht für sich darstellen. Servieren Sie dazu einen klassischen libanesischen Salat von wilder Rauke, der mit frischen Thymianblättern, Salz und fruchtigem Olivenöl angemacht ist.

1 kg Hühnerflügel; Saft und abgeriebene Schale
von 2 unbehandelten Zitronen;
1 TL Meersalz; frisch gemahlener schwarzer Pfeffer;
1 große weiße Zwiebel, abgezogen und fein gehackt;
3–4 dicke Knoblauchzehen, abgezogen und fein gehackt;
etwa 8 Zweige frischer Thymian (nach Möglichkeit
Zitronenthymian); 4 EL kaltgepresstes Olivenöl

Die Hühnerflügel in einem großen, flachen Gefäß, vorzugsweise aus Steingut, nebeneinander legen. Mit Zitronensaft beträufeln und mit abgeriebener Zitronenschale, Salz, reichlich Pfeffer, Zwiebel- und Knoblauchstücken sowie den abgestreiften Thymianblättern bestreuen. Dann mit dem Öl übergießen. Mindestens 4 Stunden marinieren, besser aber noch über Nacht, und nach der Hälfte der Marinierzeit wenden.

Die Hühnerflügel entweder über Holzkohlenglut oder unter dem auf höchster Stufe vorgeheizten Elektrogrill grillen. Zwischendurch mehrmals wenden und mit der Marinade bestreichen. Nach etwa 20–25 Minuten sollten sie gut gebräunt und an einigen Stellen sogar fast schwarz sein.

OBEN: *Osmanische Häuser säumen den Yeşilırmak, der durch Amasya in Nordanatolien fließt.* RECHTS: *Syrische Beduinenfrauen beim Brotbacken.*

Das traditionelle türkische Haus – und seine Küche

In ihren hübschen, meist zweistöckigen Holzhäusern, oft kunstvoll mit Balkonen, Erkern und zahlreichen Fenstern verziert, praktizierten die osmanischen Familien eine Wohnform, die man mit der der heutigen Wohngemeinschaften vergleichen könnte. Die geräumigen Zimmer, die den Großfamilien den nötigen Platz boten, waren als Vielzweckräume konzipiert. Üblicherweise standen in jedem der hellen, luftigen Räume auf drei Seiten Diwane, deren Kissen abends zum Schlafen auf den Boden gelegt wurden. Das Bettzeug wurde tagsüber in einem Schrank verstaut, in dem sich in kultivierteren Häusern auch noch ein Wasserklosett verbarg. Zu den Mahlzeiten wurde ein niedriger Tisch in die Mitte des Raumes gestellt (in einfachen Haushalten wurde auch oft nur ein großes Tuch ausgebreitet), um den herum sich die Familie auf dem Boden versammelte,

um gemeinsam aus dem Topf oder der Schüssel oder von der Platte zu essen. Da in den Häusern bis zu vier Generationen zusammenlebten, aßen meistens nicht alle Familienmitglieder gleichzeitig. Gewöhnlich aßen die Männer zuerst. Einer der Räume war normalerweise der Zubereitung der Mahlzeiten vorbehalten; hier kochten die Frauen das Essen für die gesamte Großfamilie.

Da die Nächte kalt sein konnten, insbesondere im Hochland Anatoliens, stand in jedem Raum in der Mitte ein Ofen. Gekocht wurde über offenem Feuer oder auch auf dem Herd. Wie man sich denken kann, kam es aufgrund der Holzbauweise der Häuser häufig zu Bränden – das ist mit ein Grund dafür, warum heute in Istanbul nur noch wenige dieser Häuser stehen. Und die, die noch erhalten sind, werden mehr und mehr in stilvolle Stadthotels umgewandelt. In Zentralanatolien, in Städten wie Safranbolu und Amasya, findet man aber noch immer Familien, die in der tradionellen Weise wohnen – und essen.

Der dekorative Baustil dieser Häuser hat sich auch in andere Regionen des Osmanischen Reiches ausgebreitet. Im syrischen Aleppo bebauten die Armenier eine ganze Enklave mit Häusern dieses Stils, von denen viele in heutiger Zeit sorgsam restauriert werden. Und auch in Budapest gibt es eine ganze Reihe solcher aus der Osmanenzeit stammenden hübschen Holzbauten.

Doch Häuser (und vor allem die Küche) waren in erster Linie für den Winter bestimmt. Im Sommer wurde überwiegend im Hof gekocht. Und auch Arbeiten wie das Einmachen von Früchten, das Rühren von Teig oder das Grillen von Kebabs über glühender Holzkohle wurden im Freien ausgeführt. Um ermüdende Tätigkeiten erträglicher zu machen, kamen die Frauen des Dorfes oder der Nachbarschaft in Gruppen zusammen, so dass sie während der Arbeit plaudern konnten. Wenn man heutzutage durch das Land reist, kann

GEGENÜBER: Eine Türkin beim Zerstoßen von Schwarzkümmelsamen; Frauen beim Brotbacken. OBEN: Osmanische Häuser im türkischen El Mali.

man noch immer Frauen sehen, die über offenem Feuer beispielsweise *pekmez* (einen konzentrierten Traubensirup) kochen,
im Mörser Schwarzkümmel und Sesamsamen für Brot zerstoßen oder
den Teig für die dünnen, flachen Brote ausrollen, die bei keiner
Mahlzeit fehlen dürfen.

Fisch-Kebabs

Ein frühes Charakteristikum der Küchenmeister des Osmanischen Reiches war deren Vorliebe für Nüsse an pikanten Speisen. In dieser Hinsicht standen sie in der Welt des Mittelalters nicht allein da – eine der kulinarischen Spezialitäten der maurischen Invasoren Spaniens war die Kombination von Früchten und Nüssen mit Fleisch. Während jedoch in Andalusien Pinienkerne und Mandeln die beliebtesten Nüsse waren, bevorzugte man im kühleren Konstantinopel die Walnuss und die Haselnuss. Diese *tarator*-Sauce aus Walnüssen, die mit Knoblauch, Brot, Zitronensaft und reichlich Olivenöl zu einer Paste verarbeitet werden, soll schon eine lange Geschichte haben.

Tarator-Sauce passt auch zu Huhn, wird aber meistens zu gegrilltem Fisch, insbesondere Fisch-Kebabs, serviert. Auch im Libanon, in Syrien und Ägypten ist *tarator*-Sauce zu Fisch beliebt; dort verwendet man jedoch statt Walnüssen gewöhnlich Pinienkerne. Allerdings wird irritierenderweise in diesen Ländern der Name *taratoor* vielfach für eine andere Sauce verwendet, die ebenfalls zu Fisch gereicht wird, aber aus Sesampaste, viel Zitronensaft und Knoblauch besteht.

Fischmarkt bei der Galata-Brücke in Istanbul.

Für die Kebabs *500 g Fisch von festem, weißem Fleisch;*
vorzugweise Schwertfisch), in mindestens 2–3 cm dicke
Scheiben geschnitten; Saft von 1 Zitrone;
4 EL Olivenöl; 1 TL edelsüßes Paprikapulver;
Salz und frisch gemahlener schwarzer Pfeffer;
16 frische Lorbeerblätter (ersatzweise getrocknete);
1 Zitrone, in Viertel geschnitten; Metallspieße
Für die Sauce *100 g Walnusskerne (ohne bittere Haut):*
3 Knoblauchzehen; 1/2 TL grobes Meersalz;
2 Scheiben Weißbrot ohne Rinde;
150 ml kaltgepresstes Olivenöl; Saft von 1 Zitrone

Den Fisch in 2,5 cm große Würfel schneiden und in ein Steingutgefäß geben. Den Zitronensaft und das Olivenöl mit einem Schneebesen verrühren. Paprika und reichlich Salz und Pfeffer hinzufügen. Den Fisch mit dieser Marinade übergießen und darin wenden, bis er gleichmäßig überzogen ist. An einem kühlen Platz mindestens 4 Stunden, aber besser noch über Nacht, marinieren.

Frische Lorbeerblätter mit kochend heißem Wasser übergießen und 1 Stunde einweichen; anschließend abtropfen lassen. Getrocknete können so, wie sie sind, verwendet werden.
Die Sauce zubereiten Die Walnüsse mit dem Knoblauch und Salz zu einer Paste verarbeiten. Traditionell wird das im Mörser gemacht und mit dieser Methode erzielt man auch das beste Ergebnis; aber in der Küchenmaschine geht es natürlich schneller.

Das Brot kurz in Wasser einweichen und gut ausdrücken. Die Walnusspaste und das Brot mit dem Rücken eines Holzlöffels vermengen. Das Olivenöl mit dem Zitronensaft vermischen und diese Emulsion nach und nach in die Walnussmischung rühren, bis eine glatte Sauce entsteht.

Zum Grillen der Kebabs die Holzkohle so weit vorbereiten, dass sie gerade eben glüht. Bei Benutzung eines Elektrogrills diesen auf mittlerer Stufe vorheizen. Auf jeden Spieß vier Würfel Fisch und dazwischen jeweils ein Lorbeerblatt stecken.

Den Fisch 12–15 Minuten grillen; zwischendurch mehrmals wenden und häufig mit der Marinade bestreichen. Mit *tarator*-Sauce und Zitronenvierteln servieren.

Gegrillter Fisch mit Ei-Zitronen-Sauce

Avgolémono, die berühmte griechische Sauce aus Eiern und Zitronensaft, soll ihren Ursprung in der byzantinischen Küche haben, wurde aber auch am osmanischen Hofe sehr geschätzt. In der Küche des Mittelalters verwendete man Eier, um eine Speise samtiger zu machen. Was diese Sauce aber so einzigartig macht, ist die Säure der Zitrone.

In der Türkei wird die Sauce heute *terbiye* genannt, was so viel heißt wie „sich richtig verhalten" und eine Anspielung darauf ist, dass die auf Eiern basierende Sauce gerinnt, wenn man sie nicht mit der nötigen Sorgfalt zubereitet. Sie schmeckt zu gegrilltem Hühner- oder Lammfleisch oder kann für eine Suppe in Hühner-, Lamm- oder Gemüsebrühe gerührt werden. Ich mag sie am liebsten zu gegrilltem Fisch.

2 ganze Seebarsche, Meeräschen oder große Makrelen
(unausgenommen jeweils ca. 500 g); Meersalz;
1 Zitrone; 2 große Eier plus das Eigelb von 1 großen Ei;
Saft von 1 1/2 großen oder 2 kleinen Zitronen

Die Fische ausnehmen und gründlich abspülen. Dann auf beiden Seiten mit einem scharfen Messer an mehreren Stellen tief – bis zu den Gräten – einschneiden. Innen und außen kräftig salzen und jeweils zwei Zitronenscheiben in die Bauchhöhle legen.

Die Fische entweder über Holzkohlenglut oder in dem auf höchster Stufe vorgeheizten Elektrogrill grillen. (Zum Grillen über Holzkohlenglut empfiehlt sich die Benutzung eines Wendebräters, in den die Fische hineingelegt werden, damit die Haut beim Grillen nicht am Rost festkleben kann.) Die Fische auf jeder Seite 7–8 Minuten grillen, bis die Haut schön gebräunt ist und an einigen Stellen Blasen wirft.

Die fertig gegarten Fische vom Grill nehmen und ruhen lassen, während man rasch die Sauce zubereitet. Dazu die Eier und das Eigelb sowie eine Prise Salz in einen Topf geben und mit einem Schneebesen schlagen; dann den Zitronensaft untermischen. Den Topf auf den Herd setzen und die Mischung bei mittlerer Hitze weiter schlagen. Sie wird zuerst schaumig und beginnt dann einzudicken. Wenn sie zu heiß zu werden droht, den Topf von der Kochstelle nehmen; andernfalls kann die Sauce gerinnen. Sobald sie emulgiert, die Sauce mit ein paar Tropfen Wasser verdünnen und servieren.

Sardinen in Weinblättern

Frische Sardellen (Anchovis) aus dem Schwarzen Meer werden an der Nordostküste der Türkei viel gegessen, im Winter auf Pilaws im Ofen gebacken, im Sommer in Weinblätter gehüllt kurz über Holzkohlenglut gegrillt. Die Schwarzmeer-Anchovis sind größer als die, die gewöhnlich im Mittelmeer gefischt werden. Man kann sie daher auch durch Sardinen ersetzen.

Sardinen sollten unbedingt über Holzkohlenglut gegrillt werden. Die Weinblätter schützen das zarte Fleisch vor dem Austrocknen.

12 Stück in Lake eingelegte Weinblätter;
12 frische Sardinen, geschuppt und ausgenommen;
mehrere Hand voll frische glatte Petersilie, fein gehackt;
3 Knoblauchzehen, abgezogen und fein gehackt; 2 Zitronen;
Meersalz und frisch gemahlener schwarzer Pfeffer; Olivenöl

Die Holzkohlenglut vorbereiten. Die Weinblätter gründlich abspülen. Die Fische waschen und trockentupfen. Petersilie und Knoblauch vermischen. Die Zitronen in zwölf dünne Scheiben schneiden.

Zunächst ein Weinblatt ausbreiten und eine Sardine darauf legen – Kopf und Schwanz sollten gerade eben über den Rand ragen. Den Bauch des Fisches mit etwas Knoblauch-Petersilien-Mischung füllen und eine Zitronenscheibe hineinstecken. Mit Salz und Pfeffer kräftig würzen und mit etwas Öl beträufeln – nicht zu viel verwenden, da Sardinen fettreich sind. Den Fisch in das Blatt einwickeln. Mit den übrigen elf Fischen ebenso verfahren.

Die eingewickelten Fische auf den Rost über der Holzkohlenglut legen und auf jeder Seite 4–5 Minuten grillen. Da die Weinblätter schwarz und trocken werden, muss man sie abschaben, bevor man die Sardinen mit den Fingern isst.

Gegrillte Forellen

Die Osmanen aßen zwar auch Meeresfische, aber da sie vorzugsweise landeinwärts lebten, wo es Weideflächen für ihre Pferde gab, war ihnen der Fisch der Gebirgsgewässer – die Forelle – vertrauter. Forellen sind bis heute überall in der Türkei beliebt: Die allerbesten soll es in der Region von Erzurum geben. Die dortigen Restaurants sind meistens an plätschernden Wasserläufen gelegen und auf diesen Fisch spezialisiert. Ich habe sogar einmal eines erlebt, in dem die Fische durch eine Wasserrinne schwammen, die zur Kühlung der Getränkeflaschen an der Bar entlangführte.

4 kleine Forellen; Meersalz; Olivenöl;
2 Zitronen, in Viertel geschnitten

Die Holzkohlenglut vorbereiten. Die Forellen gründlich waschen und trockentupfen. Dann innen und außen gut salzen und mit etwas Olivenöl einreiben. Anders als die meisten Fische brauchen Forellen vor dem Grillen nicht mit tiefen Einschnitten versehen zu werden. Ihre Haut wird auf dem Grill herrlich knusprig. Den Rost relativ hoch über die Glut setzen. Die Fische einfach darauf legen und auf jeder Seite 5–6 Minuten grillen, bis die Haut knusprig und goldbraun ist und stellenweise Blasen wirft. Mit den Zitronenvierteln und möglichst auch einem frischen Blattsalat servieren.

Anmerkung Ein bei den Türken beliebter Meeresfisch ist die Makrele, die ebenfalls über Holzkohle gegrillt am allerbesten schmeckt, insbesondere, wenn sie fangfrisch ist.

Garnelen-Güveç

Große Garnelen werden, meist nach kurzem Marinieren in einer Mischung aus Olivenöl, Zitronensaft und Knoblauch, noch in der Schale direkt auf dem Grill gegart. Kleinere Garnelen landen häufig in einem kleinen Gemüsegericht, das, mit Käse überbacken, brodelnd heiß serviert wird. (Der normalerweise verwendete türkische Hartkäse kann durch Greyerzer oder Emmentaler Käse ersetzt werden.) Traditionell wurden die kleinen Tontöpfe, in denen die Garnelen gegart wurden und nach denen das Gericht *güveç* benannt ist, in die Asche des Feuers oder des Grills gestellt.

2 EL Olivenöl; 3 Frühlingszwiebeln, gehackt;
je 1 kleine milde rote und grüne Chilischote;
2 Knoblauchzehen, abgezogen und fein gehackt;
2 große Champignons, in Würfel geschnitten; Meersalz;
frisch gemahlener schwarzer Pfeffer; 2 Tomaten, gewürfelt;
je eine kleine Hand voll frische glatte Petersilie und Dill,
*   fein gehackt;*
200 g rohe Garnelen (gut geeignet sind die asiatischen
*   Tiger Prawns), geschält;*
Greyerzer oder Emmentaler Käse

Das Öl in einer schweren Bratpfanne erhitzen und Frühlingszwiebeln, Chilischoten, Knoblauch und Pilze darin 3-4 Minuten braten; zwischendurch rühren. Salz und Pfeffer sowie die gewürfelten Tomaten hinzufügen und weitere 3–4 Minuten garen. Dann die Kräuter und die Garnelen dazugeben und alles zusammen noch etwa 1 Minute garen, bis sich die Garnelen gerade rosa färben. Die Pfanne vom Herd nehmen und die Garnelen-Gemüse-Mischung auf vier kleine ofenfeste Steingutschalen verteilen. Mit geriebenem Käse bestreuen.

Den Backofen auf 200°C vorheizen. Die Steingutschalen für etwa 20 Minuten in den Ofen stellen, bis der Käse geschmolzen ist und die Sauce brodelt. In den Steingutschalen direkt aus dem Ofen servieren.

„Frauenschenkel"-Köfte

Nicht alle Kebabs und *köfte* (Hackbällchen) werden gegrillt. Diese gebratenen *köfte,* deren Form mit den Schenkeln einer üppigen Schönheit verglichen wurde, zählten am Hofe zu den Leibgerichten.

1 große weiße Zwiebel, abgezogen und fein gehackt;
40 g Butter; 50 g Basmati-Reis, gründlich gewaschen;
500 g Hackfleisch vom Lamm; Meersalz und
*   frisch gemahlener schwarzer Pfeffer;*
1 gehäufter TL Piment; 1 gehäufter TL Paprikapulver
1 große Hand voll frische glatte Petersilie, fein gehackt;
1 großes Ei, verquirlt; Mehl; Sonnenblumen- oder
*   Erdnussöl zum Braten; 1 Zitrone, in Viertel geschnitten*

Die Zwiebelstücke in der zerlassenen Butter etwa 10 Minuten braten, bis sie goldgelb sind. In der Zwischenzeit in einem Topf gesalzenes Wasser zum Kochen bringen. Den Reis im sprudelnd kochenden Wasser 5 Minuten garen; anschließend abgießen und in einem Durchschlag abtropfen lassen. Die Hälfte des Hackfleisches zu den Zwiebelstückchen geben und bei mittlerer Hitze 2–3 Minuten ständig rühren, bis es rundum gebräunt ist. Danach gut abkühlen lassen.

Das mit den Zwiebeln gegarte Lammfleisch mit dem restlichen Hack vermischen. Reichlich Salz und Pfeffer, die Gewürze, die Petersilie und den abgetropften Reis dazugeben. Das verquirlte Ei gründlich untermischen. Die Hände mit Mehl bestäuben und von der Hackmasse Portionen von der Größe eines kleinen Eies abnehmen. Jede Portion formen und etwas flach drücken – bedenken Sie, dass die *köfte* die Form eines drallen Frauenschenkels haben sollen.

In eine Bratpfanne mit hohem Rand etwa 3 cm hoch Öl füllen. Das Öl so heiß werden lassen, dass ein hineingetauchtes Brotstückchen sofort zu brutzeln beginnt. Die Arbeitsfläche mit Mehl bestreuen und jeweils einige *köfte* gleichzeitig darin wenden. Die *köfte* in kleinen Portionen auf jeder Seite in etwa 2–3 Minuten goldbraun braten. Anschließend auf Küchenkrepp abtropfen lassen und heiß mit den Zitronenvierteln servieren. Dazu passt eine Auswahl an Salaten.

Gegrillte Paprikaschoten mit Joghurt

Sie kennen sicherlich auch die Fleischspieße, bei denen abwechselnd Fleischwürfel und Stücke von Paprika, Zwiebeln und Tomaten auf Spieße gesteckt sind. Das Resultat sind nicht selten übergartes Fleisch, nicht durchgegarte Zwiebeln und Paprika und matschige Tomaten. Grillexperten ziehen es deshalb vor, die Gemüse getrennt zu grillen. Am beliebtesten sind für diesen Zweck lange, dünne grüne Paprikaschoten, aber auch halbierte Zwiebeln und ganze Tomaten werden auf den Holzkohlengrill gelegt.

8 lange grüne Paprikaschoten; 3 EL abgetropfter Joghurt;
Meersalz und frisch gemahlener schwarzer Pfeffer;
Paprikapulver

Die Holzkohlenglut vorbereiten bzw. den Grill auf höchster Stufe vorheizen. Die Paprikaschoten für 2–3 Minuten auf den Holzkohlengrill bzw. unter den Elektrogrill legen, bis sie auf beiden Seiten leicht geschwärzt sind. (Bei gewöhnlichen Paprikaschoten kann das bis zu 10 Minuten pro Seite dauern.) Wenn sie so weit abgekühlt sind, dass man sie anfassen kann, die dünne Haut abziehen. Die Paprika auf einem Teller anrichten. Den Joghurt mit etwas Wasser verdünnen (1 EL sollte genügen) und über die Paprika gießen, solange sie noch heiß sind. Mit reichlich Salz und Pfeffer würzen und mit Paprikapulver bestreuen. Die Paprika sofort servieren; sie schmecken aber auch kalt sehr gut.

Frisch vom Gemüsemarkt

Es mag sein, dass die Osmanen große Fleischesser waren, heutzutage jedenfalls ist Fleisch bei der Landbevölkerung des östlichen Mittelmeerraumes überwiegend Fest- und Feiertagen vorbehalten. Die Alltagskost basiert auf Gemüse, Hülsenfrüchten, Getreideprodukten und Reis. Die Gemüse variieren natürlich je nach Jahreszeit: Artischocken, dicke Bohnen und Kardonen künden vom Frühling; Auberginen, Zucchini, Paprikaschoten und Tomaten haben im Frühsommer Hochsaison; und im Herbst sind es Kürbisse und riesige Kohlköpfe, hellgrüne Einlegegurken und große Mengen glänzender Oliven. Frische Kräuter, Knoblauch, Zwiebeln und violette Schalotten sind eigentlich immer zu haben. Auf die Gemüsemärkte kommen vor allem Frauen, die die Erzeugnisse ihrer kleinen Gärten feilbieten, um sich damit ein Zubrot zu verdienen, aber auch, um mal wieder mit Freundinnen und Bekannten den neuesten Klatsch auszutauschen.

Türkische Frauen auf dem Mark in Kastamonu.

Gefüllte Gemüse

Die osmanischen Köche waren bestrebt, aus Nahrungsmitteln möglichst viel herauszuholen, damit meine ich, aus einer Speisezutat mehr zu machen, als deren eigentliche Substanz hergab – das heißt, sie nahmen gern eine einfache Zutat und verwandelten sie durch kulinarische Finesse in eine Delikatesse. Mitunter nahmen ihre Kreationen sogar amüsante Züge an. So formten sie aus Hackfleisch „Lammkoteletts", oder sie höhlten eine Frucht wie Aubergine oder einen Fisch wie Makrele aus und füllten sie bzw. ihn mit Reis und Nüssen. Wenn die Frucht oder der Fisch dann – im Ganzen serviert – bei Tisch aufgeschnitten wurde, war die Überraschung groß.

Es ist natürlich nicht unbedingt nötig, solch einen Aufwand zu treiben. Aber manchmal lohnt sich die Mühe, denn wenn man zum Beispiel Gemüse füllt, nehmen die einzelnen Bestandteile zweifellos einen anderen Geschmack an, als wenn man jeden für sich gart und nachher erst auf dem Teller zusammenfügt. Eine im Ofen gebackene Paprikaschote, die erst kurz vor dem Servieren mit Reis und Lammfleisch gefüllt wird, schmeckt einfach anders als eine, die bereits mit einer Reis-Lammfleisch-Füllung gegart wurde.

Gefüllte Kohlblätter

Für dieses Gericht wird gewöhnlich der grünblättrige *lahano* verwendet, der zu riesigen Kohlköpfen heranwächst. Als Ersatz eignet sich gut Wirsingkohl.

1 mittelgroßer Lahano oder Wirsingkohl; 2 EL Olivenöl;
1 mittelgroße Zwiebel, abgezogen und fein gehackt;
200 g Hackfleisch vom Lamm;
50 g Basmati-Reis, gründlich abgespült;
je 1 kleine Hand voll frischer Dill und frische Minze,
   die Blätter grob gehackt;
Meersalz und frisch gemahlener schwarzer Pfeffer;
1 große Prise Piment; Hühnerbrühe;
dicker, cremiger abgetropfter Joghurt

Die zähen Außenblätter des Kohls ablösen und damit einen Topf mit schwerem Boden auslegen. Vorsichtig weitere zwölf Blätter von dem Kohlkopf ablösen; dabei darauf achten, dass sie möglichst nicht einreißen. Einen großen Topf mit gesalzenem Wasser zum Kochen bringen und die Kohlblätter darin 2 Minuten blanchieren; anschließend herausheben und sofort in Eiswasser tauchen. Abtropfen lassen und beiseite stellen.

Danach die Füllung für die Kohlblätter zubereiten. Das Öl in einer schweren Pfanne bei mittlerer Temperatur erhitzen. Die Zwiebelstücke hinzufügen und unter gelegentlichem Rühren in etwa 10 Minuten goldgelb braten. Das rohe Hackfleisch und den Reis in eine Schüssel geben. Die gebratenen Zwiebeln, die gehackten Kräuter, reichlich Salz und Pfeffer und den Piment hinzufügen. Die Zutaten mit einem Holzlöffel gründlich vermischen oder mit den Händen kurz durchkneten und aus der Masse zwölf etwa gleich große Klöße formen.

Ein Kohlblatt nehmen und die zähe Mittelrippe herausschneiden. Einen der Hackfleischklöße länglich formen und an dem Ende mit der herausgeschnittenen Rippe quer auf das Kohlblatt legen. Die seitlichen Blattränder nach innen schlagen und das Blatt zum oberen Ende hin aufrollen. Das zylinderförmige Röllchen mit dem losen Blattende nach unten in den mit Kohlblättern ausgelegten Topf legen. Die übrigen elf Blätter auf die gleiche Weise füllen und aufrollen.

So viel Hühnerbrühe über die Kohlrouladen gießen, dass diese knapp bedeckt sind. Dann eine Lage Alufolie und zum Beschweren einen Teller umgekehrt darauf legen. Die Brühe erhitzen und die gefüllten Kohlblätter 45 Minuten köcheln lassen. Die Kohlrouladen vorsichtig aus dem Topf heben und mit dem Joghurt servieren.

Anmerkung Zu gefüllten Kohlblättern schmeckt auch *avgolémono*-Sauce vorzüglich. Dafür 2 Eigelbe und den Saft von 1 Zitrone mit einem Schneebesen verschlagen und nach und nach etwas von der Garflüssigkeit der Kohlrouladen unterrühren. Die Mischung unter ständigem Rühren langsam erhitzen, bis sie eindickt. Die Sauce darf aber nicht zum Kochen kommen, da sonst die Gefahr besteht, dass sie gerinnt.

Gemüsemarkt in Syrien.

Gefüllte Auberginen

Die Aubergine gilt in der gesamten arabischen Welt als die Königin der Gemüse, aber die größte Wertschätzung wird ihr in der Türkei entgegengebracht. Man sagt, es gäbe über 200 traditionelle türkische Rezepte für die Zubereitung der Eierfrucht – ich habe den Verdacht, dass es noch wesentlich mehr sind. Der absolute Favorit ist das Gericht *Imam Bayıldı* oder „der Imam fiel in Ohnmacht" – ob aus Entzücken oder infolge übermäßigen Schlemmens konnte nie geklärt werden. Die Urheberschaft für das Rezept beanspruchen heute nicht nur die Türken, sondern auch die Syrer und Libanesen; und in einem griechischen Kochbuch las ich den Hinweis, dass das Rezept wahrscheinlich von einem lokalen Pascha in Griechenland stamme, der den Imam beeindrucken wollte. Wie dem auch sei, fest steht, dass das Gericht im gesamten Osmanischen Reich sehr beliebt war und dass es noch heute nicht nur im Vorderen Orient, sondern auch in ganz Südeuropa gern gegessen wird.

**Für 4 Personen als Vorspeise oder
für 2 Personen als Hauptgericht:** *2 Auberginen
(etwa 15 cm lang), 200 ml Olivenöl;
2 große weiße Zwiebeln (etwa 500 g), abgezogen,
halbiert und in dünne Scheiben geschnitten;
2 Knoblauchzehen, abgezogen und fein gehackt;
1 TL edelsüßes Paprikapulver;
frisch gemahlener schwarzer Pfeffer; Meersalz;
3 EL fein gehackte frische glatte Petersilie;
2 EL Tomatenmark; 1 lange grüne Paprikaschote;
1 große Tomate*

Die Auberginen samt dem Stiel der Länge nach halbieren. Die Samen und das Fruchtfleisch jeder Hälfte bis auf eine 1–1,5 cm dicke Randschicht mit einem Löffel herausheben. Den Backofen auf 200 °C vorheizen.

In eine Pfanne, in der die Auberginenhälften nebeneinander bequem Platz haben, 150 ml Öl bei mittlerer Temperatur erhitzen. Es muss richtig heiß sein, bevor die Auberginen hineinkommen, da sie sonst zu viel davon aufsaugen würden. Wenn das Öl nach mehreren Minuten anfängt zu rauchen, die Auberginen mit der ausgehöhlten Seite nach unten in die Pfanne legen; dabei zum Schutz vor spritzendem Fett Abstand

halten. Die Auberginen unter mehrmaligem Wenden bei mittlerer Hitze 10–15 Minuten braten, bis das Fruchtfleisch leicht gebräunt und weich ist. Anschließend vorsichtig aus dem Topf heben und dabei aufpassen, dass die Schale nicht beschädigt wird. Auf Küchenkrepp abtropfen lassen und mit der ausgehöhlten Seite nach oben auf ein Backblech legen.
Für die Füllung Das restliche Öl in einer zweiten Pfanne langsam erhitzen. Wenn es heiß ist, die Zwiebeln dazugeben und unter häufigem Rühren 10 Minuten sautieren. Dann den gehackten Knoblauch hinzufügen und die Mischung unter regelmäßigem Rühren weitere 10 Minuten garen, bis die Zwiebeln goldgelb sind und der Knoblauch weich ist. Das Paprikapulver sowie schwarzen Pfeffer aus der Mühle hinzufügen. Nach 1 Minute die Petersilie und das Tomatenmark unterrühren. Die Mischung weitere 5 Minuten garen; zwischendurch gelegentlich umrühren.

Die Zwiebelmischung in die ausgehöhlten Auberginenhälften geben. Die grüne Paprikaschote in vier schmale Streifen schneiden und jeden der Streifen in Längsrichtung auf die Zwiebelmischung in den Auberginenhälften legen. Von der Tomate vier große, dünne Scheiben abschneiden und diese jeweils auf den Paprikastreifen legen. Das Backblech in den vorgeheizten Ofen schieben und die gefüllten Auberginen etwa 15 Minuten garen, bis die Tomate und die Paprika gar sind. Vor dem Servieren abkühlen lassen.

Variante An der türkischen Ägäisküste, direkt gegenüber den griechischen Inseln, wird die Petersilie in der Füllung oft durch Minze, Oregano und Basilikum und das Paprikapulver durch gemahlene Koriandersamen ersetzt. Dadurch erhält das Gericht einen mehr mediterranen Charakter.

Gefüllte Zucchini mit Granatapfel-Eier-Sauce

Traditionell werden gefüllte Gemüse wie Zucchini geschmort. Ich finde es aber einfacher, sie in Folie im Ofen zu garen. Auf diese Weise lässt sich auch vermeiden, dass während des Garens Füllung austritt, falls die Schale bei dem etwas kniffligen Aushöhlen beschädigt wurde. Die hier servierte Sauce ähnelt der berühmten griechischen *avgolémono*. Statt des Zitronensafts verwendet man im Südosten der Türkei Granatapfelsaft, um ihr die reizvolle Säure zu verleihen.

6 helle Zucchini; 250 g Hackfleisch vom Lamm;
2 EL gegarte Kichererbsen, abgetropft;
3 dicke Knoblauchzehen, abgezogen und fein gehackt;
1 kleine Hand voll frischer Dill, fein gehackt;
1 kleine Hand voll frische glatte Petersilie, fein gehackt;
Meersalz und frisch gemahlener schwarzer Pfeffer;
kaltgepresstes Olivenöl; 3 Eigelbe;
Saft von 1 Granatapfel; 3–4 EL Wasser

Mit Hilfe eines Apfelentkerners und eines langen, scharfen Messers die Zucchini vorsichtig aushöhlen. Dabei darauf achten, dass die Schale nicht beschädigt wird. Es macht nichts, wenn innen noch allerhand Fruchtfleisch stehen bleibt. Entscheidend ist, dass ausreichend Platz für die Füllung entsteht. Das herausgelöste Fruchtfleisch wegwerfen.

Für die Füllung Das Lammhack mit den Kichererbsen, dem Knoblauch und den Kräutern vermischen und mit Salz und Pfeffer kräftig würzen. Die Zucchini behutsam mit der Fleischmasse füllen; dabei die Masse nicht zu fest hineindrücken, da die Schale beschädigt werden könnte.

Den Backofen auf 180 °C vorheizen. Alufolie in passend große Quadrate zuschneiden. Jeweils eine Zucchinifrucht auf die Folie legen, mit Öl beträufeln, salzen und gut einwickeln. Die Zucchini in der Folie in den Backofen legen und etwa 50–60 Minuten garen, bis sie weich sind.

Die fertig gegarten Zucchini aus der Folie nehmen und in eine Servierschüssel legen. Die Eigelbe und den Granatapfelsaft mit einem Schneebesen gründlich verrühren und mit 3–4 EL Wasser langsam erhitzen (aber nicht aufkochen lassen, da die Sauce sonst gerinnt). Die Zucchini vor dem Servieren mit der Sauce überziehen.

Gefüllte Paprikaschoten

100 g Langkornreis (vorzugsweise Basmati), abgespült
*   und abgetropft;*
1 große weiße Zwiebel, abgezogen und fein gehackt;
400 g Hackfleisch vom Lamm;
3 Knoblauchzehen, abgezogen und fein gehackt;
1 TL Meersalz und frisch gemahlener schwarzer Pfeffer;
1 große Prise Safranfäden; 1/2 TL gemahlener Zimt;
1 große Hand voll frische glatte Petersilie, fein gehackt;
10 kleine, dünnschalige türkische grüne Paprikaschoten
*   oder 5 große gewöhnliche grüne Paprikaschoten;*
5–6 Weinblätter, abgespült; 2 EL Tomatenmark;
3/4 l Wasser

Den Backofen auf 180 °C vorheizen. Den Reis mit Zwiebelstücken, Lammhack, Knoblauch, Salz und reichlich Pfeffer sowie Safran, Zimt und Petersilie vermischen. Von den Paprikaschoten den oberen Teil mit Stiel abschneiden und beiseite legen. Die Samen und Rippen entfernen, dabei darauf achten, dass die Außenhaut der Paprika nicht beschädigt wird. Die Paprikaschoten mit der Reis-Fleisch-Mischung füllen.

Ein feuerfestes Gefäß mit Deckel wählen, in das die Paprikaschoten nebeneinander aufrecht gerade hineinpassen. Aus geschmacklichen Gründen empfiehlt sich ein Tontopf. Den Boden mit Weinblättern auslegen; dann die Paprikaschoten behutsam hineinsetzen. Das Tomatenmark mit dem Wasser verrühren und in das Gefäß gießen; dabei darauf achten, dass auch etwas Flüssigkeit in die Paprikaschoten gelangt. Die abgeschnittenen oberen Teile als Deckel auf die Schoten setzen (sie brauchen nicht perfekt zu passen). Das Gefäß zunächst mit Alufolie bedecken und dann den Deckel auflegen. Auf den Rost in die Mitte des vorgeheizten Backofens stellen.

Die Paprikaschoten etwa 2 Stunden garen; zwischendurch, nach etwa 1 Stunde, mit der Garflüssigkeit begießen. Anschließend in dem Gargefäß abkühlen lassen. Am besten schmecken sie nach 1–2 Stunden, wenn sie noch leicht warm sind. Man kann sie aber auch wieder erhitzen oder kalt servieren.

Variante Für eine vegetarische Variante aus Griechenland statt Hackfleisch Pinienkerne verwenden, den Safran weglassen, dafür etwas Piment hinzufügen und die Petersilie durch frischen Dill und Minze ersetzen.

Basare und Märkte In meiner Erinnerung sind Basare kühle, dunkle, von Gewürzdüften und dem Stimmengewirr der laut ihre Ware anpreisenden Händler erfüllte Orte. Vereinzelt dringen Sonnenstrahlen durch die rußigen Oberlichter der gewölbten Überdachung. In den schmalen Gängen zwischen den Ständen drängen sich die Schau- und Kauflustigen, gelegentlich beiseite geschubst von geschäftigen Lieferanten, die ihre Waren auf den Schultern schleppen oder auf Transportkarren vor sich herschieben. Es sind Orte, an denen man sich verirren kann, an denen man aber auch genießerisch von einem Sektor zum nächsten schlendern kann, um hier einem Kupferschmied, dort einem gestenreich argumentierenden Gewürzhändler zuzusehen und in einem weiteren wunderschöne Stoffe und prächtige Goldgeschmeide zu betasten. Und vor allem sind es Orte, die den geheimnisvollen Zauber des Orients atmen.

Konstantinopel war berühmt für seine Märkte, auf denen all die Erzeugnisse des riesigen Osmanischen Reiches landeten. Ausgehend von der Galata-Brücke am Goldenen Horn stößt man bei einem Bummel durch die riesigen Marktviertel zunächst auf den alten überdachten *Mısır Çarşısı*, den Gewürz- oder Ägyptischen Markt, so genannt nach den exotischen Waren, die hier einst auf Schiffen aus dem Land am Nil eintrafen. Heute ist er eine Touristenattraktion. Aber man kann dort noch immer Henna und Aphrodisiaka, Kaviar und

grünen Tee wie auch eine große Vielfalt an Gewürzen finden. An den Straßen dahinter haben noch immer die traditionellen Kupfer- und Silberhandwerker ihre Werkstätten. Schließlich betritt man eine kleine, in sich geschlossene Stadt mit zahllosen Toren, Mauern und Kuppeln – und einer überquellenden Warenvielfalt: den *Kapalı Çarşı*, den Großen oder Gedeckten Basar. Die Hallen sollen fast 4400 Geschäfte, 2200 Werkstätten, 500 Stände sowie zahlreiche kleine Moscheen beherbergen. In den engen Ladenstraßen zwängen sich praktisch ohne Unterlass Lastträger sowie einheimische und ausländische Besucher.

Wer allerdings die authentische Atmosphäre des Orients sucht, muss noch weiter reisen, ins syrische Aleppo und Damaskus oder sogar bis nach Kairo. Hier kann man sich sehr gut vorstellen, wie einst

die Armenier und die Juden, die den Handel im Osmanischen Reich beherrschten, um exotische Waren für ihre nimmersatte Hauptstadt feilschten.

Der Markt in Bursa, im Zentrum einer der fruchtbarsten Regionen der Türkei, ist mir besonders ans Herz gewachsen. Bei einem herbstlichen Besuch dort boten sich meinen Augen Berge von Esskastanien für delikate Nachspeisen, goldgelbe Quitten, aus denen die Hausfrauen Sirup kochen, Gurken, Paprika und Pfefferschoten zum Einlegen oder auch üppige Trauben dunkelroten Tafelweins und pralle, reife Feigen. Bei meinem erneuten Besuch im späten Frühjahr waren es Stiegen voller Pfirsiche und Aprikosen, leuchtend rote Kirschen, pralle dicke Bohnen und zarte junge Erbsen. Kein Wunder, dass auf dem Fleischmarkt wenig los war – die Gemüse und Früchte waren einfach zu verlockend.

VORHERGEHENDE SEITEN, GEGENÜBER UND OBEN: Die Fülle des Angebots auf den orientalischen Märkten ist einfach überwältigend.

In Olivenöl gegarte Gemüse

In Olivenöl gegarte Gemüse In der Küche der Osmanen wurde relativ viel Butter verwendet, was wahrscheinlich auf ihre Ursprünge als nomadische Viehhirten zurückzuführen ist. Aber in einem Reich, das sich um das östliche Mittelmeer mit seinen zahllosen Olivenhainen erstreckte, spielte Öl natürlich auch eine Rolle. Die Osmanen schätzten besonders das Olivenöl Griechenlands, und von dessen Inselbewohnern lernten sie die Methode, ihr Gemüse langsam in Öl zu garen. Heutzutage, da man die meisten Gemüse vorzugsweise bissfest und knackig verzehrt, wird leicht vergessen, welch ein Genuss weich gegarte Gemüse sind, die – getrennt von der übrigen Speise – in ihrer fruchtigen, öligen Garflüssigkeit auf den Teller kommen.

Artischocken in Olivenöl

4 große frische Artischocken; 3 Zitronen; 2 große Möhren;
2 mittelgroße rotschalige Kartoffeln; 8 EL Olivenöl;
1 große Prise Zucker; 1 große Prise Meersalz;
2 frische Lorbeerblätter (ersatzweise getrocknete);
1 EL gehackter frischer Dill

Zunächst den Stiel der Artischocken schälen, dann das zähe Ende abschneiden und alle kleinen Blätter entfernen. Eine der Zitronen halbieren und mit der Schnittfläche die geschälten Artischockenstiele einreiben, damit sie sich nicht verfärben. Zum Freilegen der Artischockenherzen zuerst die holzigen Außenblätter so weit nach unten biegen, bis sie am unteren Ende abbrechen. Dann mit einem scharfen Messer das obere Drittel der Artischocke parallel zur Basis abschneiden und die Schnittfläche sofort mit Zitrone einreiben. Das „Heu" mit einem Löffel herauskratzen. Danach mit einem scharfen Messer die Reste dunkler Blätter entfernen. Die zweite Zitronenhälfte über einer Schüssel mit kaltem Wasser ausdrücken und jede fertig geputzte Artischocke sofort in das gesäuerte Wasser legen.

Wenn alle Artischockenherzen vorbereitet sind, die Möhren und Kartoffeln schälen und in mundgerechte Stücke schneiden – nur nicht zu klein, da sie sonst während des Garens zerfallen. Einen schweren Topf mit fest schließendem Deckel wählen, in den die Artischocken nebeneinander hineinpassen. Die Artischocken mit dem Stiel nach oben hineinlegen. Die Möhren- und Kartoffelstücke darauf verteilen und das Olivenöl sowie den Saft der übrigen zwei Zitronen darüber gießen. Zucker, Salz und die Lorbeerblätter hinzufügen und so viel Wasser dazugießen, dass die Stiele der Artischocken nur noch zur Hälfte aus der Flüssigkeit ragen.

Den Topf mit Alufolie abdecken und den Deckel auflegen. Die Artischocken bei mittlerer Hitze 45–50 Minuten in der köchelnden Flüssigkeit garen (nicht zwischendurch den Deckel abnehmen, um einen Blick in den Topf zu werfen; dabei würde zu viel Dampf entweichen!) Die gekochten Artischocken aus dem Topf heben und auf eine Servierplatte setzen. Dann die Garflüssigkeit im Topf bei hoher Temperatur etwa 10 Minuten einkochen, anschließend mit den Möhren und Kartoffeln über die Artischocken geben. Abkühlen lassen. Vor dem Servieren mit Salz und Pfeffer abschmecken und mit Dill bestreuen.

Anmerkung In der entsprechenden Saison kann man dem Gericht auch Erbsen hinzufügen. Sie werden in den letzten 10 Minuten mit den Möhren und Kartoffeln gegart.

Oliven im türkischen Küstenort Dalyan.

Junge dicke Bohnen in Olivenöl

Für dieses griechische Gericht werden nicht nur die glänzenden hellgrünen Kerne der dicken Bohnen, sondern diese mitsamt ihren Hülsen verwendet. Die Hülsen sollten sehr frisch und knackig und möglichst klein sein.

500 g frische junge dicke Bohnen in der Hülse;
1 TL Meersalz; 1 TL Zucker; Saft von 1 Zitrone;
4 große Frühlingszwiebeln samt den grünen Teilen, gehackt;
1 Hand voll frischer Dill, gehackt; 1 TL getrocknete Minze;
frisch gemahlener schwarzer Pfeffer; ¹/₂ TL Piment;
6 EL kaltgepresstes Olivenöl; knapp ¹/₄ l Wasser

Die dicken Bohnen gründlich waschen und putzen (das heißt Stilansätze und Fäden entfernen). Die Bohnenhülsen mit Salz und Zucker bestreuen und mit Zitronensaft beträufeln und etwa ¹/₄ Stunde stehen lassen.

Anschließend zunächst die Hälfte der Bohnen in einen großen, schweren Topf geben. Darauf die Frühlingszwiebeln sowie die Hälfte des Dills und der Minze schichten. Mit reichlich Pfeffer und mit dem Piment bestreuen. Die restlichen Bohnen darauf schichten und mit den restlichen Kräutern bestreuen. Das Öl und das Wasser dazugießen. Die Flüssigkeit zum Kochen bringen; dann die Hitze reduzieren und das Gericht 1 ¹/₂ Stunden köcheln lassen, bis die Bohnen zartweich sind.

Vor dem Servieren etwas abkühlen lassen. Dieses Gericht wird meistens lauwarm serviert, mit reichlich dickem, cremigem Joghurt, der mit etwas Knoblauch und getrockneter Minze gewürzt ist.

Grüne Bohnen mit Tomatensauce

750 g lange, flache grüne Bohnen;
4–5 Tomaten (ca. 500 g), abgezogen und
  Samen entfernt, grob gehackt;
1 große weiße Zwiebel, abgezogen und grob gehackt;
5 EL Olivenöl; 2 TL Zucker; 1 TL Meersalz;
1 1/2 EL Tomatenmark

Die Schnittbohnen putzen (d. h. die Stielansätze und Fäden entfernen) und jede Bohne in drei Teile schneiden.

In einem großen, hohen Topf das Öl bei mittlerer Temperatur erhitzen. Tomaten- und Zwiebelstücke sowie Zucker, Salz und Tomatenmark hinzufügen. Die Mischung unter gelegentlichem Rühren in etwa 10 Minuten zu einer dicken Sauce einkochen. Dann die Bohnen hinzufügen und so viel Wasser dazugießen, dass sie knapp bedeckt sind. Den Topf mit Alufolie abdecken und den Deckel auflegen. Die Bohnen bei schwacher Hitze etwa 45 Minuten garen, bis sie weich sind; anschließend abkühlen lassen. Dieses Gericht schmeckt wieder aufgewärmt am besten.

Lauch in Olivenöl mit Reis

6 Stangen Lauch (ca. 1,5 kg); 2 Möhren, geschält;
150 ml Olivenöl; 3 dicke Knoblauchzehen, abgezogen;
2 TL Zucker; 1 TL Meersalz; 2–3 Stängel Petersilie;
2 EL Basmati-Reis, abgespült und abgetropft;
Saft von 1/2 Zitrone; frisch gemahlener schwarzer Pfeffer;
1 großes Bund frische glatte Petersilie, fein gehackt

Die Lauchstangen putzen (d. h. Wurzelansatz und grüne Teile entfernen). Dann den weißen Teil jeder Stange schräg in etwa 4 cm breite Stücke schneiden; pro Stange erhält man 4–5 Stücke. Den Lauch unter fließendem kalten Wasser gut abspülen; danach abtropfen lassen. Die Möhren zuerst quer halbieren und dann der Länge nach vierteln.

Das Öl in einem Schmortopf bei mittlerer Temperatur erhitzen. Den Lauch und die Möhren zusammen mit den ganzen Knoblauchzehen hinzufügen. Das Gemüse unter gelegentlichem Rühren etwa 15 Minuten garen, bis der Lauch und die Möhren leicht gebräunt sind. Dann Zucker, Salz, Petersilienstängel und den Reis dazugeben und gut umrühren, bis die Reiskörner mit Öl überzogen sind. Knapp mit Wasser bedecken und zum Kochen bringen. Dann die Temperatur herunterschalten. Den Topf mit Alufolie abdecken, den Deckel auflegen und das Gericht 10 Minuten köcheln lassen. Danach von der Herdplatte nehmen und noch 10 Minuten stehen lassen; erst dann den Deckel und die Folie abnehmen. Das Gericht mit Zitronensaft und schwarzem Pfeffer würzen und mit Petersilie bestreut zimmerwarm servieren.

Güveç-Gerichte

Güveç ist die Bezeichnung für einen speziellen Topf, in dem Gerichte mit langen Garzeiten geschmort und auch serviert werden. Traditionell waren solche Töpfe aus Ton und wurden dicht verschlossen in die Asche des Feuers eingegraben, wo sie dann über Nacht blieben. Auch die abklingende Hitze des dörflichen Gemeinschafts-Backofens wurde für diesen Zweck genutzt. Wie die *tagine* in Marokko ist auch der *güveç* nicht nur die Bezeichnung für den Topf, sondern auch Namensgeber für das Gericht, das darin gegart wird: Meist handelt es sich um frische Gemüse, Hülsenfrüchte und mitunter auch Früchte, die mit etwas Fleisch langsam gegart werden. Die Kombination von Früchten und Fleisch könnte vom maurischen Kalifat übernommen und von den spanischen Juden, die nach Konstantinopel auswanderten, mitgebracht worden sein.

Auberginen-Lamm-Güveç

Dieses Sommer-*güveç* ist eine Art Ratatouille, die mit etwas Fleisch angereichert ist.

Die Zugabe von Honig und Thymian ist griechischen Ursprungs, während die Verwendung von Butter statt Olivenöl bestimmt türkisch ist. Durch das Fett erhält die Tomatensauce eine dicke, glänzende Konsistenz.

2 mittelgroße Auberginen (ca. 500 g); Meersalz;
60 g Butter; 1 große Zwiebel, abgezogen und fein gehackt;
250 g Lammfleisch (vorzugsweise aus der Schulter
*   oder Keule), Fett entfernt, in kleine Stücke geschnitten;*
Sonnenblumenöl oder anderes Pflanzenöl;
je 1 rote und grüne Paprikaschote;
1 rote Chilischote (nach Belieben);
3 große Fleischtomaten, gewaschen und geviertelt;
1 EL klarer Honig; 2 EL Wasser; 2–3 Zweige Thymian;
1 Bund frische glatte Petersilie, fein gehackt

Die Auberginen der Länge nach vierteln und jedes Viertel quer in 3 cm breite Stücke schneiden. Die Stücke mit reichlich Salz bestreuen und in einem Durchschlag etwa 30 Minuten stehen lassen, damit die Flüssigkeit entzogen wird.

In der Zwischenzeit die Hälfte der Butter in einem schweren Topf zerlassen. Die Zwiebelstücke hinzufügen und bei mittlerer Hitze unter gelegentlichem Rühren etwa 8–10 Minuten braten, bis sie weich und goldgelb sind. Dann das Fleisch hinzufügen und unter ständigem Rühren ein paar Minuten braten, bis die Stücke schön gebräunt sind. Aus dem Topf nehmen und beiseite stellen.

Die Auberginenstücke gründlich abspülen und gut abtropfen lassen. In eine Bratpfanne so viel Öl gießen, dass es etwa 2 cm hoch steht. Das Öl bei mittlerer Temperatur erhitzen. Wenn es sehr heiß ist (das ist wichtig, da die Auberginen sonst zu viel Öl aufsaugen), etwa ein Viertel der Auberginenstücke hineingeben. Die Auberginen portionsweise rasch goldbraun braten; dann mit der Schaumkelle aus der Pfanne heben und auf Küchenkrepp abtropfen lassen.

Von den Paprikaschoten den Stielansatz herausschneiden, die Schoten halbieren und die weißen Scheidewände und die Samen entfernen. Dann die Paprika längs in schmale Streifen schneiden. Bei Verwendung einer Chilischote diese ebenso vorbereiten.

Sobald alle Auberginenstücke gebraten sind, die Pfanne wieder bei mittelhoher Temperatur erhitzen und die restliche Butter hineingeben. Die Paprikastreifen und, falls verwendet, die Chilistreifen hinzufügen und etwa 5 Minuten unter Rühren braten, bis sie weich sind. Dann die Tomatenviertel, eine große Prise Salz, den Honig und 2 EL Wasser dazugeben. Das Gemüse unter ständigem Rühren einige Minuten garen, bis die Tomaten anfangen zusammenzufallen.

Das Fleisch mit den Zwiebelstücken zurück in die Pfanne geben und die gebratenen Auberginen sowie die Thymianzweige hinzufügen. Mit schwarzem Pfeffer würzen. Die Temperatur reduzieren und die Gemüse-Fleisch-Mischung zugedeckt 15–20 Minuten schwach köcheln lassen, bis das Fleisch schön weich ist. Lassen Sie sich nicht dazu verleiten, die Mischung zu lange zu garen – die Auberginen würden zerfallen und nicht wie gewünscht in Stücken erhalten bleiben.

Zum Schluss das Gericht nach Geschmack mit Salz und Pfeffer abschmecken und den Topf vom Herd nehmen. Reichlich frische Petersilie unterrühren und das Ganze noch mindestens 20 Minuten stehen lassen, bevor Sie es servieren.

Zuckerrübenernte in Zentralanatolien.

Feigen, Weintrauben und Mandeln mit Lammfleisch

8 Schalotten, abgezogen; 60 g Butter;
400 g Lammfleisch (aus der Schulter oder Keule),
*   Fett entfernt, in kleine Stücke geschnitten;*
8 getrocknete Feigen, geviertelt; 100 g ganze Mandeln;
Meersalz und frisch gemahlener schwarzer Pfeffer;
1 EL klarer Honig; 2 Lorbeerblätter;
etwa 1/2 l Lamm- oder Hühnerbrühe;
200 g blaue Weintrauben, halbiert und entkernt

Den Backofen auf 150 °C vorheizen.

Alle Schalotten, die aus mehreren Zehen bestehen, zerlegen; die übrigen nicht zerteilen. In einer schweren Bratpfanne zwei Drittel der Butter bei mittlerer Hitze zerlassen. Die Schalotten hineingeben und, ebenfalls bei mittlerer Hitze, 10 Minuten bräunen; zwischendurch regelmäßig wenden.

Die gebräunten Schalotten mit einer Schaumkelle aus der Pfanne heben und in einen Schmortopf geben – aus geschmacklichen Gründen empfiehlt sich ein Tontopf. Die Bratpfanne wieder auf den Herd setzen und die restliche Butter hineingeben. Die Temperatur heraufschalten und das Fleisch in zwei Portionen darin 1–2 Minuten unter Rühren braten, bis es leicht gebräunt ist. Das Fleisch aus der Pfanne nehmen und zusammen mit den Feigen und den Mandeln zu den Schalotten geben. Die Mischung mit Salz und Pfeffer gut würzen; dann den Honig dazugießen. Gut umrühren, bis das Fleisch überzogen ist. Zuletzt die Lorbeerblätter hinzufügen.

Die Brühe erwärmen und in den Schmortopf gießen – die Zutaten sollen knapp bedeckt sein. Den Topf zudecken und in den vorgeheizten Backofen stellen. Das Gericht 1 1/2 Stunden garen, bis das Fleisch ganz mürbe ist. Den Topf aus dem Ofen nehmen, die Weintrauben hinzufügen und das Gericht vor dem Servieren noch mindestens 30 Minuten stehen lassen. Es schmeckt auch wieder aufgewärmt sehr gut.

Hülsenfrüchte im Ägyptischen Basar in Istanbul.

Kichererbsen und Quitten mit Lamm

30 g Butter; 1 kleine weiße Zwiebel, abgezogen und fein
gehackt; 1 große Möhre, geschält und fein gewürfelt;
1 große Knoblauchzehe, abgezogen und fein gehackt;
1 große Quitte; 200 g Lammfleisch (aus der Schulter
oder Keule), Fett entfernt, in kleine Stücke geschnitten;
400 g Kichererbsen aus der Dose, gut abgespült;
1 EL gehackter frischer Dill;
Meersalz und frisch gemahlener schwarzer Pfeffer;
50 g gehackte Walnüsse; 3 EL konzentrierter Traubensirup
(falls nicht erhältlich, ersatzweise Rotweinessig, mit
1 gehäuften TL Zucker gesüßt)

Die Butter in einem Topf zerlassen und die Zwiebel-, Möhren- und Knoblauchstücke hinzufügen. Die Gemüse bei schwacher Hitze unter gelegentlichem Rühren 10–15 Minuten braten, bis sie weich, aber nicht gebräunt sind.

In der Zwischenzeit die Quitte schälen (aber erst in letzter Minute, da sich das Fruchtfleisch schnell braun färbt) und das Fruchtfleisch in mundgerechte Stücke schneiden.

Die Temperatur auf mittlere Hitze heraufschalten, das Lammfleisch in den Topf geben und unter Rühren 3–4 Minuten braten, bis es leicht gebräunt ist. Die Quittenstücke und die Kichererbsen sowie den Dill (bis auf einen Rest zum Garnieren), reichlich Salz und Pfeffer, die Walnüsse und den Traubensirup hinzufügen und alles gut vermischen. So viel Wasser (etwa $^1/_2$ l) dazugießen, dass die Zutaten gerade bedeckt sind.

Die Flüssigkeit zum Kochen bringen und anschließend bei reduzierter Hitze 45–50 Minuten schwach köcheln lassen, bis die Quittenstücke und das Lammfleisch weich sind. Das Gericht noch 10 Minuten stehen lassen; dann mit dem restlichen Dill bestreut servieren.

Okra mit Tomaten und Paprika

Die französische Bezeichnung für Okra ist *cornes grecques* („Griechenhörner") und zweifellos hat dieses Gericht mit Okra, die wie Dachziegel angeordnet und mit Tomaten und Paprika bedeckt werden, seinen Ursprung in der kulinarischen Tradition Griechenlands. Aber schließlich spielten die Griechen ja auch jahrhundertelang eine sehr wichtige Rolle im Osmanischen Reich, insbesondere als Verwaltungsbeamte; sie stellten lange einen beachtlichen Teil der Einwohner Konstantinopels.

Beim Einkauf ist darauf zu achten, dass die Okra nicht holzig sind. Sie müssen sich weich anfühlen, wenn man sie zwischen Daumen und Finger drückt.

750 g Okra; 200 ml Weißweinessig; Meersalz;
3 EL Olivenöl zum Braten; 2 weiße Zwiebeln,
*   abgezogen und fein gehackt; 4 große Tomaten;*
2 grüne Paprikaschoten (vorzugsweise die dünnschalige
*   türkische Sorte);*
2 rote Paprikaschoten (vorzugsweise die längliche, schmale
*   Sorte); 1 großes Bund glatte Petersilie, fein gehackt;*
frisch gemahlener schwarzer Pfeffer;
100 ml kaltgepresstes Olivenöl; 100 ml Wasser;

Die Okra kurz waschen und gründlich trockentupfen. Den Stielansatz abschneiden; dabei aber nicht in das Samengehäuse schneiden (da sonst die klebrige Flüssigkeit austritt). Die Okra in ein großes, flaches Gefäß geben, mit dem Essig beträufeln und mit reichlich Salz bestreuen. Die Okra ein bis zwei Mal wenden, um sie gleichmäßig zu überziehen, und dann 45 Minuten stehen lassen.

In der Zwischenzeit den Backofen auf 180 °C vorheizen. Die 3 EL Olivenöl in einer Pfanne erhitzen und die Zwiebeln darin unter gelegentlichem Rühren bei mittlerer Hitze in 10–15 Minuten goldbraun braten.

Die Okra gründlich abspülen. In einem großen, möglichst rechteckigen ofenfesten Steingutgefäß die Okra in Reihen leicht überlappend anordnen und die gebratenen Zwiebeln darauf verteilen Die Tomaten jeweils quer in vier oder fünf Scheiben schneiden und auf die Okra und Zwiebeln legen. Die grünen und roten Paprikaschoten halbieren, den Stielansatz herausschneiden und die Rippen und Samen entfernen. Dann das Fruchtfleisch in schmale Streifen schneiden. Die Parikastreifen kreuz und quer auf den Tomaten verteilen. Die Petersilie darüber streuen. Mit reichlich Pfeffer würzen, aber nur leicht salzen, da an den Okra wahrscheinlich noch Salzreste haften. Schließlich das kaltgepresste Öl gleichmäßig über die geschichteten Gemüse verteilen und das Wasser dazugießen. Die Form in den vorgeheizten Ofen stellen.

Die Gemüse etwa 1 Stunde garen – die genaue Gardauer hängt von der Größe und Frische der Okra ab. Deshalb gegen Ende der Garzeit eine Okra herausnehmen und probieren: Sie sollten weich sein, aber noch nicht zerfallen. Das Gericht abkühlen lassen und lauwarm servieren. Noch besser schmeckt es am nächsten Tag.

Reisgerichte,
Brote und Pizzas

Die turksprachigen nomadischen Reitervölker aus den Steppen lebten vorwiegend von Stutenmilch und Reis, der vielleicht noch mit etwas frischem Pferdeblut geschmacklich angereichert war. Und die osmanischen Heerscharen schienen sich vielen Berichten zufolge auf ihren Feldzügen fast ausschließlich von Reis zu ernähren. Reis war also schon immer das bevorzugte Nahrungsmittel der Türken. Mit dem Pilaw ersannen sie eine Zubereitungsart für dieses Getreide, die viele Variationsmöglichkeiten bot. Die Küchenchefs des osmanischen Hofes kreierten immer opulentere Reisgerichte – mit Nüssen vermischt, von Butter getränkt und mit kostbarem Safran verfeinert. Meistens fügten sie einem Pilaw auch noch Fleisch hinzu, sei es Hühnerleber oder gehacktes Lammfleisch, um ihn gehaltvoller zu machen. Viele der Pilaws, die sich heute in der Türkei besonderer Beliebtheit erfreuen, sind nach dem jeweiligen Sultan benannt, der ihn sich zur Leibspeise erkoren hat, und ein Reisgericht hat es offenbar zum Favoriten des gesamten Hofes gebracht: der Topkapı-Pilaw.

GEGENÜBER: Hirtinnen mit ihrer Herde vor dem Berg Ararat im Osten der Türkei.

Reis kochen Diese wahrscheinlich von den Persern übernommene Methode der Reiszubereitung gibt dem Reis eine einzigartige Struktur und Zartheit. Bis zum heutigen Tag sind die türkischen Pilaws im gesamten Nahen und Mittleren Osten sehr geschätzt. Auch die Griechen essen gern Pilaws; sie verwenden anstelle der in der Türkei üblichen Nüsse häufig Korinthen und Rosinen. In Anatolien, Armenien und auf dem Balkan werden Pilaws auch statt mit Reis mit Bulgur – Weizenschrot – zubereitet.

Verwenden Sie Langkornreis, aber nicht die so genannte „parboiled"-Sorte; ich bevorzuge den duftenden Basmati. Den Reis vor dem Kochen mindestens 30 Minuten in reichlich Wasser einweichen; anschließend in einem Sieb gründlich abspülen. Auf diese Weise wird überflüssige Stärke entfernt, so dass die Körner nach dem Garen nicht zusammenkleben. Den Reis während des Garens keinesfalls umrühren und anschließend unbedingt mit einem Tuch bedeckt noch 10–15 Minuten stehen lassen. Wenn Sie Gäste erwarten, können Sie den Pilaw ohne weiteres bis zu 45 Minuten stehen lassen – lauwarm schmeckt er ebenso gut. Worauf es ankommt, sind seine Struktur und seine delikaten, würzigen Aromen.

Im Ägyptischen Basar in Istanbul.

Pilaw mit Hühnerleber

100 g Butter; 1 EL Olivenöl; 1 Zwiebel, abgezogen und
  fein gehackt; 1 EL Pinienkerne; 2 EL Mandelblätter;
250 g Hühnerleber, fein gehackt; 250 g Langkornreis
  (etwa Basmati), eingeweicht, abgespült und abgetropft;
2 EL Korinthen; 1 TL Paprikapulver; 600 ml Wasser,
Salz und frisch gemahlener schwarzer Pfeffer;
1 großes Bund glatte Petersilie, fein gehackt

In einer großen, schweren Bratpfanne mit Deckel die Hälfte der Butter mit dem Öl bei schwacher Hitze zerlassen. Die Zwiebelstücke hinzufügen und in etwa 10 Minuten glasig braten. Dann die Temperatur auf mittlere Hitze heraufschalten. Die Pinienkerne, Mandeln und die Hühnerleber in die Pfanne geben und unter ständigem Rühren 5 Minuten braten, bis die Kerne leicht gebräunt sind und die Leber durchgebraten ist. Die Leber mit Mandeln und Pinien aus der Pfanne nehmen.

Die restliche Butter in der Pfanne zerlassen. Reis, Korinthen und Paprikapulver hinzufügen und bei schwacher Hitze 3–4 Minuten rühren, bis die Reiskörner gleichmäßig mit Fett überzogen sind. Das Wasser zum Kochen bringen, dann zum Reis gießen. Den Reis mit Salz und Pfeffer gut würzen, einmal umrühren und zugedeckt bei schwacher Hitze 12–15 Minuten garen, bis das ganze Wasser absorbiert ist. Während dieser Zeit den Deckel nicht anheben, da kein Dampf entweichen darf.

Den gegarten Reis vom Herd nehmen und vorsichtig die Lebermischung unterrühren. Die Pfanne mit einem Küchentuch abdecken und den Deckel wieder auflegen. Den Pilaw noch 10–15 Minuten stehen lassen. Anschließend den Reis mit einer Gabel lockern und mit Petersilie bestreut servieren.

Auberginen-Pilaw

2 große Auberginen (ca. 500 g); Meersalz;
50 g Butter; 1 große Zwiebel, abgezogen und gehackt;
3 Knoblauchzehen, abgezogen und fein gehackt;
200 g Langkornreis (vorzugsweise Basmati), eingeweicht,
* abgespült und abgetropft; 1 TL Zucker;*
frisch gemahlener schwarzer Pfeffer;
1/2 TL Koriandersamen; 2 Nelken; 1 Zimtstange;
2 TL Paprikapaste (ersatzweise mit Paprikapulver
* vermischtes Tomatenmark);*
1 l Hühnerbrühe; Sonnenblumenöl

Die Auberginen der Länge nach in Abständen schälen, so dass ein Streifenmuster entsteht. Dann quer gleichmäßig in Scheiben schneiden und jede Scheibe vierteln; auf diese Weise erhält man mundgerechte Stücke. Die Auberginen mit reichlich Salz bestreuen und in einen Durchschlag geben, mit einem Teller bedecken und diesen mit einem Gewicht beschweren. Die Auberginen so eine Zeit lang stehen lassen, um ihnen Wasser zu entziehen, dann gründlich abspülen und trockentupfen.

In einer schweren Bratpfanne zwei Drittel der Butter bei mittlerer Hitze zerlassen. Die Zwiebelstücke und den Knoblauch hineingeben und unter gelegentlichem Rühren in etwa 10 Minuten goldbraun braten. Dann den Reis und die restliche Butter hinzufügen und alles gut umrühren, bis die Reiskörner gleichmäßig mit Fett überzogen sind. Den Reis mit dem Zucker,

etwas Salz, reichlich schwarzem Pfeffer, den Gewürzen und der Paprikapaste würzen und alles gut verrühren. Die Hühnerbrühe dazugießen und zum Kochen bringen; anschließend bei reduzierter Hitze weiter köcheln lassen. Die Reismischung 10–12 Minuten garen, bis an der Oberfläche kleine Löcher erscheinen.

In der Zwischenzeit die Auberginen braten. Dazu in eine Bratpfanne etwa 2 cm hoch Sonnenblumenöl gießen. Das Öl erhitzen, bis es anfängt zu spritzen. Die Auberginen in mehreren Portionen goldbraun braten; dabei nicht zu viele Stücke auf einmal in die Pfanne geben. Die gebratenen Auberginen mit einer Schaumkelle herausheben und auf Küchenkrepp abtropfen lassen.

Wenn der Reis fertig ist, vorsichtig die Auberginen unterheben. Dann die Pfanne mit einem sauberen Küchentuch abdecken, den Deckel auflegen und den Pilaw noch 10–15 Minuten stehen lassen. Den Reis vor dem Servieren mit einer Gabel lockern.

Variante Im Sommer werden statt der Auberginen manchmal frische Kirschen verwendet. Dafür den Pilaw wie oben beschrieben zubereiten, aber die Paprikapaste weglassen und die Auberginen einfach durch Kirschen ersetzen. Vergessen Sie aber nicht, beim Servieren des Pilaws die Tischgäste auf die Kerne in den Kirschen hinzuweisen.

Topkapı-Pilaw

Die Ausstattung der Küchen des Topkapı-Palastes lassen die Opulenz der Gerichte erahnen, die in der Spätphase des Osmanischen Reiches am Hofe des Sultans zu Tische getragen wurden. Der Küchenkomplex ist an den Schornsteinen auf den Gebäuden mit den zehn Kuppeln, gegenüber dem Harem am Rand des zweiten Innenhofes, zu erkennen Es gibt dort Kessel, die so groß sind, dass es vier kräftiger Männer bedurfte, um sie anzuheben. Ich stelle mir gern vor, wie darin köstlich duftende Pilaws der hier beschriebenen Art zubereitet wurden, die bei den Sultanen offenbar sehr beliebt waren.

60 g Butter; 1 EL Olivenöl; 1 großes Bund Frühlings-
  zwiebeln samt den zarteren grünen Teilen, fein gehackt;
75 g ganze Mandeln (mit Haut); 35 g Pinienkerne;
1/2 TL gemahlener Zimt; 100 g Korinthen;
600 ml Hühnerbrühe; 250 g Langkornreis (vorzugs-
  weise Basmati), eingeweicht, abgespült und abgetropft;
6 schwarze Pfefferkörner; 3 Nelken;
1 Messerspitze Safranfäden; Salz;
1 EL fein gehackte frische glatte Petersilie

In einer großen, schweren Bratpfanne mit Deckel die Hälfte der Butter mit dem Öl bei mittlerer Hitze zerlassen. Die Frühlingszwiebeln hinzufügen und in etwa 2 Minuten weich braten. Dann die Temperatur heraufschalten. Die Mandeln und die Pinienkerne dazugeben und unter Rühren 3–4 Minuten braten, bis sie leicht gebräunt sind. Die Pfanne von der Kochstelle nehmen und Zimt und Korinthen unterrühren. Den Inhalt aus der Pfanne herausnehmen und beiseite stellen.

Die Hühnerbrühe bis kurz vor dem Siedepunkt erhitzen. Die restliche Butter in der Pfanne zerlassen. Sobald sie schäumt, den Reis hineingeben. Gut rühren, bis alle Reiskörner mit Fett überzogen sind; dann die Pfefferkörner, Nelken und Safranfäden untermischen. Die heiße Hühnerbrühe dazugießen und je nachdem, wie salzig die Brühe bereits ist, noch etwas Salz hinzufügen. Nur einmal umrühren. Die Mischung zum Kochen bringen; danach bei reduzierter Hitze 10–12 Minuten köcheln lassen, bis die ganze Brühe absorbiert ist und an der Oberfläche kleine Löcher erscheinen.

Den Reis von der Kochstelle nehmen und die Mischung von Zwiebeln, Korinthen und Nüssen vorsichtig unterheben. Die Pfanne mit einem sauberen Küchentuch bedecken und den Deckel auflegen. Noch 10–15 Minuten stehen lassen – während dieser Zeit nicht den Deckel abnehmen, damit kein Dampf entweichen kann. Vor dem Servieren den Reis mit einer Gabel lockern und mit Petersilie bestreuen.

Variante Ein anderer klassischer Pilaw aus osmanischer Zeit ist nach einem der bedeutendsten Sultane benannt, nach Süleiman I., auch „der Prächtige" genannt. Er wird wie der Topkapı-Pilaw zubereitet, nur dass mit den Korinthen und Mandeln Lammfleischstücke unter den Reis gemischt werden. Den Safran und die Pinienkerne lässt man in dem Fall weg.

Bulgur-Pilaw

Ein Großteil des türkischen Reisbedarfs wurde einst durch Importe aus dem Iran gedeckt, das sich dem Zugriff der osmanischen Herrscher standhaft entzogen hatte. Die Hochebene im Herzland war für den Reisanbau ungeeignet, aber ideal für Weizen, der deshalb schon immer das Hauptgetreide war. Der einfachste Bulgur-Pilaw wurde nur mit Butter und ein paar Gemüsesorten in eine vollwertige Mahlzeit verwandelt, die sich auch gut mit aufs Feld nehmen ließ. Sie können ihn natürlich auch mit gegrilltem Fleisch servieren.

60 g Butter; 1 große weiße Zwiebel, abgezogen und
fein gehackt; 800 ml Hühner- oder Lammbrühe;
300 g grobkörniger Bulgur, abgespült und abgetropft;
2 grüne Paprikaschoten, Samen und weiße Rippen
entfernt, das Fruchtfleisch in Würfel geschnitten;
2 große Fleischtomaten, abgezogen, Samen entfernt,
in Würfel geschnitten; Meersalz;
frisch gemahlener schwarzer Pfeffer

In einer schweren Bratpfanne zwei Drittel der Butter bei mittlerer Hitze zerlassen. Die Zwiebelstücke hinzufügen und unter gelegentlichem Rühren etwa 15 Minuten braten, bis sie goldgelb sind. In der Zwischenzeit die Brühe erhitzen.

Die restliche Butter und den Bulgur in die Pfanne geben und 3–4 Minuten rühren. Dann die Paprika- und Tomatenwürfel hinzufügen und die Mischung unter Rühren weitere 2–3 Minuten garen. Mit reichlich Salz und mit Pfeffer würzen. Die heiße Brühe dazugießen und zum Kochen bringen; anschließend bei reduzierter Hitze etwa 10 Minuten köcheln lassen, bis die ganze Flüssigkeit absorbiert ist und an der Oberfläche des Bulgurs kleine Löcher sichtbar werden. In dieser Phase nicht rühren. Den Pilaw von der Kochstelle nehmen, mit einem sauberen Küchentuch bedecken und etwa 15 Minuten stehen lassen. Dann den Reis, vom Rand der Pfanne ausgehend, mit einer Gabel lockern. Den Pilaw wieder mit dem Küchentuch abdecken und vor dem Servieren noch weitere 5–10 Minuten stehen lassen.

Weizenernte in Kurdistan.

Pilaw mit Muscheln

Zu den Lieblingsspeisen am osmanischen Hof zählten Miesmuscheln, die mit einer würzigen Reis-Nuss-Mischung gefüllt waren. Köstlich – aber ohne Küchenpersonal eigentlich kaum machbar. Diese Variante bietet die gleichen Aromen in nicht ganz so elegant präsentierter Form.

150 g Langkornreis (vorzugsweise Basmati), eingeweicht,
    abgespült und abgetropft; 2 EL Olivenöl;
2 weiße Zwiebeln, abgezogen und fein gehackt;
1 EL Pinienkerne; 1 EL Korinthen; 1/2 TL Piment;
1 TL gemahlener Zimt; Meersalz;
frisch gemahlener schwarzer Pfeffer;
1 große Tomate, abgezogen und fein gehackt;
30–35 große frische Miesmuscheln in der Schale
    (etwa die Menge, die gewöhnlich abgepackt im
    Supermarkt erhältlich ist)

Die libanesische Hafenstadt Sur, wo einst das antike Tyros lag.

Zunächst halb so viel Wasser wie die Reismenge abmessen. Dann in einer großen, schweren Pfanne das Öl erhitzen. Die Zwiebeln hineingeben und bei mittlerer Hitze unter gelegentlichem Rühren in etwa 10 Minuten goldgelb braten. Dann den Reis sowie Pinienkerne, Korinthen, Piment, Zimt und reichlich Salz und Pfeffer hinzufügen. Alle Zutaten gründlich verrühren, bis die Reiskörner gleichmäßig mit Öl überzogen sind. Dann die abgemessene Menge Wasser dazugießen und die Tomatenstücke hinzufügen. Reis, Gemüse und Gewürze etwa 10 Minuten leise köcheln lassen, bis die Flüssigkeit vollständig absorbiert ist; dabei hin und wieder rühren, damit nichts ansetzt.

In der Zwischenzeit die Muscheln vorbereiten. Zunächst die Schalen mit einer Bürste säubern und entbarten, d. h. die haarigen Fasern zwischen den Schalenhälften entfernen. Exemplare mit beschädigten Schalen wegwerfen, ebenso geöffnete, die sich bei Antippen nicht schließen. Die gesäuberten Muscheln unter fließendem Wasser liegen lassen.

Wenn der Reis die Flüssigkeit absorbiert hat, die Pfanne vom Herd nehmen und die Oberfläche des Pilaws glatt streichen. Die Miesmuscheln ringförmig darauf anrichten; sie sollten den Reis ganz und gar bedecken. Noch 200 ml Wasser dazugießen. Dann den Pilaw mit Alufolie bedecken, darauf einen Teller legen und dann den Deckel auf die Pfanne setzen. Das Gericht bei schwacher Hitze noch 20 Minuten garen; zwischendurch auf keinen Fall den Deckel abnehmen.

Wenn die Garzeit abgelaufen ist, den Deckel, den Teller und die Folie abnehmen. Alle Muschelschalen sollten jetzt geöffnet sein; geschlossen gebliebene Exemplare wegwerfen. Den Pilaw mit einem sauberen Küchentuch abdecken und vor dem Servieren noch etwa 10 Minuten stehen lassen.

Variante An der türkischen Schwarzmeerküste ist ein Pilaw mit frischen Sardellen sehr beliebt. Wie die Muscheln werden auch die Sardellen auf dem vorgegarten Pilaw angerichtet, anschließend aber nicht gedämpft, sondern im Ofen gegart.

OBEN: *Brotverkäufer in Damaskus* UND *in Istanbul.* GEGENÜBER: *Türkische Frauen bei der Brotzubereitung.*

Brot Die Herstellung der runden, dünnen Brotfladen, die im östlichen Mittelmeerraum vor allem auf dem Lande äußerst beliebt sind, ist eine Kunst, die die Mädchen schon in jungen Jahren erlernen und perfektionieren. Von Kindesbeinen an sind sie dabei, wenn die Frauen des Dorfes zum Zweck des Brotbackens zusammenkommen. Mitunter sind es bis zu zehn Frauen. Jede von ihnen nimmt eine kleine Teigkugel und rollt sie mit einem langen Rundholz papierdünn aus. Für das Backen ist aber meistens nur eine von ihnen zuständig. Diese bekommt den ausgerollten Teig, geschickt über das Rundholz gehängt, von den anderen gereicht und breitet ihn rasch auf dem heißen, gefetteten kuppelförmigen Blech aus, das von unten her von einem Holzfeuer beheizt wird. Sobald der Teig anfängt, Blasen zu werfen und zu bräunen, wird er behände gewendet und auf der anderen Seite gebacken. In weniger als einer Minute ist das dünne Brot fertig und landet auf einem stetig anwachsenden Stapel von Brotfladen. Sollten Sie einmal das Glück haben, ein Stück probieren zu können, solange es noch warm ist, wird Ihnen sein köstlicher Geschmack bestimmt unvergesslich in Erinnerung haften bleiben.

Lahmacun – Türkische Pizza

Lahmacun – ebenso wie *pide* auch als Türkische Pizza bekannt, ist ursprünglich eine kurdische Spezialität. Die mit Fleisch, Gemüse oder Käse belegten Teigböden sollten eigentlich wie italienische Pizzas in einem großen, mit Holz befeuerten Ofen gebacken werden. Aber auch im gewöhnlichen Backofen zu Hause lassen sich ganz passable Ergebnisse erzielen.

Ergibt 4 Stück

Für den Teig *350 g Hartweizenmehl; 7 g Trockenhefe; 1 TL Salz; 1 TL Zucker; 250–300 ml warmes Wasser*

Für den Belag *200 g Lammfleisch, fein gehackt; 1/2 rote Zwiebel, abgezogen und fein gehackt; 1 große milde rote Chilischote, Samen entfernt, fein gehackt; 1 gehäufter TL Paprikapulver; 2 TL Paprikapaste (ersatzweise mit Paprikapulver vermischtes Tomatenmark); 1/2 TL Salz*

Zum Servieren *1/2 rote Zwiebel, abgezogen, halbiert und in feine Scheiben geschnitten; 1 TL Sumach (falls erhältlich); 1 großes Bund glatte Petersilie, grob gehackt; 2 Zitronen*

Für den *lahmacun*-Teig das Mehl mit der Trockenhefe, dem Salz und dem Zucker vermischen. In die Mitte eine Vertiefung drücken. Nach und nach etwa zwei Drittel des warmen Wassers hineingießen und mit einem Holzlöffel rasch verrühren. Genügend Wasser hinzufügen, dass ein Teig entsteht. Den Teig einige Minuten mit den Händen durchkneten, bis er glatt und geschmeidig ist. Dann mit einem Tuch bedecken und an einem warmen Platz etwa 45 Minuten gehen lassen.

In der Zwischenzeit für den Belag alle Zutaten vermischen. Die Masse sollte eine glatte, pastenartige Konsistenz haben – die lässt sich am einfachsten erzielen, indem man die Zutaten ganz kurz in der Küchenmaschine vermengt.

Den Backofen auf 220 °C vorheizen. Den Teig in vier gleich große Kugeln aufteilen und jede Kugel auf einer bemehlten Arbeitsfläche dünn ausrollen – er sollte etwa „die Dicke eines Ohrläppchens" haben, wie ich es in einem meiner Bücher einmal beschrieben habe, und nicht ganz rund, sondern etwas länglich sein.

Zwei Backbleche mit Pflanzenöl einfetten, auf jedes zwei Teigplatten ausbreiten und jede Teigplatte mit einem Viertel der Fleischmasse bedecken. Jeweils zwei Brote zugleich etwa 10–12 Minuten backen, bis der Fleischbelag gar und der Teigrand schön gebräunt ist – das Brot soll aber nicht allzu knusprig werden.

Zum Servieren Die Brote mit Zwiebeln, Sumach (sofern verwendet) und Petersilie bestreuen und mit dem Saft einer halben Zitrone beträufeln; dann aufrollen und sofort essen.

Zubereitung von Gözleme im südtürkischen Tlos.

Eine Bäckerei in Damaskus.

Gözleme – Türkische Pfannkuchen

Wenn *lahmacun* und *pide* als türkische Pizzas bekannt sind, dann kann man *gözleme* ohne weiteres auch türkische Pfannkuchen nennen. Diese ländliche Teigspeise mit Käsefüllung wird traditionell auf einem leicht gewölbten Rost über einem Holzfeuer gebacken. Sie können ersatzweise auch eine große Bratpfanne benutzen. Die Zubereitung des *gözleme*-Teiges ist so diffizil, dass man besser die Finger davon lässt. Sie sollten sich nur dann an das Rezept wagen, wenn Sie die Möglichkeit haben, *dogan-yufka*-Teig fertig zu kaufen (wie es auch türkische Hausfrauen tun). Die speziell für *gözleme* bestimmten Teigblätter werden in Packungen mit je drei Stück verkauft und sind auseinander gefaltet riesige runde Scheiben – gleich drei Stück zu kaufen kann sich übrigens als sehr praktisch erweisen, falls der erste Versuch misslingen sollte.

Ergibt 2 Stück   *100 g Feta-Käse; 100 g Ricotta-Käse; mehrere frische Thymianzweige; frisch gemahlener schwarzer Pfeffer; Paprikapulver; Butter; 2 Dogan-Yufka-Teigblätter; 1 großes Bund Petersilie, grob gehackt*

Eine große Bratpfanne bei mittlerer Temperatur erhitzen. Für die Füllung die beiden Käsesorten und die abgestreiften Thymianblätter vermengen. Mit etwas schwarzem Pfeffer und Paprikapulver abschmecken.

Etwas Butter in der Pfanne zerlassen und sofort ein *yufka*-Blatt hineinlegen. Die Hälfte der Füllmasse und die Hälfte der Petersilie auf dem Teig verteilen und die Teigränder nach innen schlagen, so dass ein Päckchen entsteht. Das Teigpäckchen einige Minuten backen, bis die Füllung zu schmelzen beginnt; dann wenden. Das geht am besten, indem man es auf einen Teller gleiten lässt, einen zweiten Teller darüber legt, die Teller zusammen umdreht und das Päckchen wieder in die Pfanne gleiten lässt. Die zweite Seite etwa 1 Minute backen, bis der Teig stellenweise leicht verkohlt ist. In vier Stücke schneiden und sofort essen.

Süße Speisen und Gebäck

Wenn bei einem Festschmaus der Osmanen Früchte aufgetischt wurden, wusste jeder, dass sich das Mahl seinem Ende zuneigte. Nach einer vielfältigen Auswahl an *meze*, reichhaltigen Pilaws und köstlich gewürzten Schmorgerichten mit Fleisch und Gemüse waren auf zerstoßenem Eis servierte Kirschen oder Scheiben von süßer, rosa fleischiger Wassermelone gerade das Richtige, um die Mahlzeit abzurunden. Und in der Jahreszeit, in der es keine frischen Früchte gab, traten an ihre Stelle getrocknete – etwa in aromatisiertem Sirup pochierte, mit Honig getränkte oder mit Nüssen gefüllte – Früchte. Berühmt war das Osmanische Reich auch für seine Süßspeisen, sein Gebäck, wie *baklava*, oder sein Konfekt, wie die Geleewürfel *lokum*. Das waren die kleinen Köstlichkeiten, die man weniger als Nachspeise, sondern mehr als Leckerei zwischen den Mahlzeiten oder anlässlich eines Besuches zu einer Tasse Kaffee genoss. Viele der Gebäckstücke hatten frivole Namen, wie etwa „Frauennabel" oder „Lippen einer Schönen". Andere Bezeichnungen, wie zum Beispiel „die Finger des Großwesirs" verspotteten die Mächtigen und Wohlhabenden. Eine Spezialität war auch *aşure* oder „Noahs Pudding", eine aus

Weizenmehl sowie unzähligen Sorten getrockneter Früchte und Hülsenfrüchte hergestellte Dessertspeise. Es heißt, dass Noah nach der Landung auf dem Ararat aus den in seiner Arche verbliebenen Vorräten diesen Pudding geschaffen hat. Am ausgefallensten war aber wohl ein Pudding, für den man Hühnerbrust mit Reismehl und Zucker in Milch kochte; nachdem die Masse anschließend in der Bratpfanne fest geworden und gebräunt war, hatte sie eine ungewöhnliche, leicht elastische Konsistenz.

All diese Süßspeisen werden auch heute noch in der Türkei gern gegessen. Viele davon kauft man am besten bei einem *muhallebeçi*, einem Spezialgeschäft für Milchspeisen, beziehungsweise bei einem *baklavacı*, einem Geschäft, das auf Gebäck und *lokum*, Geleekonfekt, spezialisiert ist. In Istanbul findet man noch immer Fachgeschäfte für jede dieser Delikatessen. Und so wie die Franzosen ihr Feingebäck gern in einer Patisserie kaufen, wird es hier nicht als Schande betrachtet, wenn die Hausfrau diese Dinge bei dem jeweiligen Meister des süßen Handwerks besorgt. Für die Zubereitung zu Hause hier einige einfachere – aber nicht minder verlockende – Rezepte.

Gefüllte Aprikosen in Sirup

Kaymak ist eingedickte Sahne, die in türkischen Lebensmittelgeschäften in Dosen erhältlich ist. Der beste Ersatz ist Crème double (Doppelrahm) oder notfalls auch Crème fraîche.

200 g getrocknete Aprikosen; Saft und Schale von
* 1/2 unbehandelten Zitrone; 4 EL Zucker;*
1 EL Orangenblütenwasser; Kaymak (s.o.);
ungesalzene grüne Pistazien, fein zerstoßen

Die Aprikosen mit warmem Wasser bedecken und über Nacht oder mindestens 5 Stunden einweichen.

Die übrig gebliebene Einweichflüssigkeit mit Wasser auf 1/4 l auffüllen. Den Zitronensaft und ein paar Streifen dünn abgeschälte Zitronenschale, den Zucker und das Orangenblütenwasser hinzufügen. Das Zuckerwasser in einen flachen Topf geben, der so groß ist, dass die Aprikosen darin bequem nebeneinander Platz haben. Die Flüssigkeit unter ständigem Rühren zum Kochen bringen und 2 Minuten stark kochen lassen. Dann die Temperatur so weit reduzieren, dass der Sirup nur noch köchelt. Die Aprikosen vorsichtig hineinlegen und im offenen Topf 10 Minuten köcheln lassen; dann die Früchte behutsam wenden und weitere 10 Minuten garen.

Die Aprikosen in dem Sirup abkühlen lassen. Kurz vor dem Servieren jede Frucht mit einem scharfen Messer der Länge nach halbieren, aber so, dass die beiden Hälften auf der einen Seite noch verbunden bleiben. Die entstandene Tasche mit 1 knappen TL *kaymak* füllen. Die Früchte auf einer Servierplatte anrichten und mit etwas Sirup beträufeln. Kurz vor dem Servieren mit den zerstoßenen Pistazien bestreuen.

Feigen mit Walnussfüllung

In Istanbuls Ägyptischem Basar gibt es einen Händler, der diese Feigen als „türkisches Viagra" *(S. 127)* anpreist.

200 g getrocknete Feigen (etwa 12 Stück) –
* die Früchte sollten dick und fleischig sein,*
* mit intakter Schale und sichtbarem Stiel;*
1/4 l schwacher schwarzer Tee;
3 EL klarer Honig; Saft von 1/2 Zitrone;
5 frische Lorbeerblätter; Walnusshälften (samt Haut)

Die Feigen mit dem noch warmen Tee übergießen und über Nacht oder mindestens 5 Stunden einweichen.

Die übrig gebliebene Einweichflüssigkeit mit Wasser auf 1/4 l auffüllen und in einen flachen Topf gießen, der so groß ist, dass die Feigen darin nebeneinander bequem Platz haben. Den Honig sowie den Zitronensaft und die Lorbeerblätter hinzufügen. Die Flüssigkeit unter ständigem Rühren zum Kochen bringen und 2 Minuten stark kochen lassen. Dann die Temperatur herunterschalten, so dass der Sirup nur noch leise köchelt. Die Feigen mit der Stielseite nach oben behutsam in den Sirup legen und im offenen Topf 20 Minuten köcheln lassen; zwischendurch hin und wieder mit dem Sirup begießen. Anschließend in der Flüssigkeit abkühlen lassen.

Wenn die Früchte so weit abgekühlt sind, dass man sie anfassen kann, jede Feige auf der Stielseite mit einem scharfen Messer einschneiden. In den Einschnitt eine Walnusshälfte stecken. Die gefüllten Feigen auf einer Servierplatte anrichten und den Sirup samt den Lorbeerblättern darüber gießen. Bis zum Servieren können die Feigen durchaus noch ein bis zwei Tage stehen bleiben; ihr Geschmack wird dadurch noch besser.

Mandelpudding mit Rosenwassersirup

Dieser köstliche Pudding mit seinem feinen Mandelgeschmack und leicht parfümierten Sirup, den Granatafelkerne und Pistazien wie kleine Edelsteine zieren, ist ein gutes Beispiel für die Kunst der auf die Herstellung von Milchpuddingen spezialisierten *muhallebeçi;* er ist wider Erwarten erstaunlich einfach in der Zubereitung.

Ergibt 6–8 Puddinge je nach Größe der Förmchen
Für den Pudding *3/4 l Vollmilch; 150 g gemahlene Mandeln; 2 EL Reismehl (etwa 50 g); 125 g Zucker*
Für den Sirup *200 ml Wasser; 100 g Zucker; 1 EL Rosenwasser*
Zum Garnieren *1 EL ungesalzene grüne Pistazien, blättrig geschnitten; Kerne von 1/2 Granatapfel*

Zunächst die Milch erwärmen und 1 Kelle oder 1 Tasse davon mit den gemahlenen Mandeln zu einer breiigen Paste verrühren. Eine weitere Kelle bzw. Tasse Milch mit dem Reismehl verrühren, bis die Mischung ganz glatt ist – sie muss absolut frei von Klümpchen sein.

Die Milch wieder auf die schwach erhitzte Kochstelle setzen und zuerst den Zucker einrühren, dann die Mandelpaste und schließlich das angerührte Reismehl. Die Mischung unter ständigem Rühren 15–20 Minuten köcheln lassen, bis eine glatte, sehr dicke Creme entsteht. In kleine Portionsformen füllen. (Ich benutze dafür gerne runde Förmchen und finde, dass sich Pudding aus Glasförmchen am leichtesten stürzen lassen.) Abkühlen lassen.

In der Zwischenzeit den Sirup kochen. Dafür einfach das Wasser mit dem Zucker zum Kochen bringen und dabei den Zucker durch Rühren auflösen. Die Flüssigkeit 2 Minuten stark kochen lassen; dann vom Herd nehmen. Das Rosenwasser hineinrühren und den Sirup abkühlen lassen.

Wenn die Förmchen so weit abgekühlt sind, dass man sie anfassen kann, die Puddinge stürzen. Anschließend etwas Rosenwassersirup darüber und darum herum gießen. Mit den Pistazienblättern und den Granatapfelkernen bestreuen. Vor dem Servieren noch etwa 1 Stunde stehen lassen.

Reispudding

Im gesamten östlichen Mittelmeerraum gehört Reispudding zu den beliebtesten Nachspeisen. Man kann ihn überall bereits fertig gekocht in kleinen Keramikförmchen kaufen. Sie können ihn aber auch leicht selbst herstellen. Wenn Sie Mastix hinzufügen, erhält Ihr Pudding die geschätzte leicht gummiartige Konsistenz, während der Safran ihm einen Geschmack und eine Farbe verleiht, die an Honig erinnert. Der Pudding schmeckt am besten kalt.

200 g Milchreis; 1 Prise Meersalz; 1 l Vollmilch; 300 g Zucker; 1/2 TL Safranfäden; 3 Stückchen Mastix (nach Belieben)

Zunächst den Reis mit Hilfe einer Tasse abmessen und danach die 1 1/2 fache Menge Wasser abmessen und mit einer Prise Salz in einem Topf mit schwerem Boden zum Kochen bringen. Den Reis hineinstreuen und etwa 5–6 Minuten bei leicht reduzierter Hitze kochen lassen, bis das Wasser vollständig absorbiert ist und sich an der Oberfläche kleine Löcher bilden.

Die Temperatur auf schwache Hitze herunterschalten und die Milch, den Zucker sowie Safran und, sofern verwendet, Mastix hinzufügen. Den Backofen auf 200 °C vorheizen. Den Reis unter ständigem Rühren noch etwa 20 Minuten köcheln lassen, bis er eingedickt ist. In vier ofenfeste, weite Portionsschälchen füllen und für etwa 15 Minuten in den Backofen stellen, bis die Puddingoberfläche schön gebräunt ist. Vor dem Servieren abkühlen lassen.

Baklava

Dieses berühmte türkische Gebäck ist eigentlich christlicher Herkunft. Sein ursprünglicher Name *baki-halva* bedeutet „Süßspeise der Fastenzeit". Zu jener Zeit bestand *baklava* aus vierzig Teigblättern, eines für jeden Tag der Fastenzeit. Armenische Christen sollen das Gebäck nach Konstantinopel mitgebracht haben, wo es schon bald vom Serail übernommen wurde und zum beliebtesten Gebäck des Palastes avancierte. Die für ihre schwelgerischen Kreationen bekannten Küchenchefs der Sultane wetteiferten geradezu um immer raffiniertere und aufwendigere Varianten. Das Ergebnis ist das schwere, feuchte Gebäck, das wir heute kennen – mit Nüssen durchsetzt, mit Butter getränkt und vor Zuckersirup triefend. Ein kleiner Bissen genügt, um ein Gericht zusammen mit einer Tasse starkem türkischen Kaffee genussvoll abzurunden.

Für 8–10 Personen 200 g Zucker; 4 EL klarer Honig; Saft von ¹/₂ Zitrone, 450 ml Wasser;
2 EL Rosenwasser; 250 g Butter; 1 TL gemahlener Zimt;
je 125 g geschälte und abgezogene Walnüsse,
    Pistazien und Mandeln, grob gehackt;
375 g abgepackte Yufka-Teigblätter (S. 54) oder, falls nicht
    erhältlich, Filo-Teigblätter von rechteckigem Format

Zucker, Honig, Zitronensaft und Wasser in einen Topf geben und zum Kochen bringen. Im offenen Topf unter regelmäßigem Rühren 6–7 Minuten zu einem Sirup einkochen, der so dickflüssig ist, dass er den Rücken eines Löffels überzieht. Das Rosenwasser einrühren und den Sirup abkühlen lassen.

Den Backofen auf 180 °C vorheizen. Die Butter zerlassen und den aufsteigenden Schaum abschöpfen. Den Zimt und die Nüsse gut vermischen.

Ein Teigblatt auf ein Backblech legen und die Oberseite mit zerlassener Butter bestreichen. Weitere drei Teigblätter darauf schichten und jeweils mit Butter bestreichen. Dann das oberste Teigblatt mit einem Drittel der Nussmischung bestreuen. Weitere vier Teigblätter darüber schichten und jeweils mit Butter bestreichen und zuoberst wieder ein Drittel der Nussmischung verteilen. Auf diese Weise fortfahren, bis die restlichen Nüsse und Teigblätter aufgebraucht sind. Das oberste Teigblatt besonders dick mit Butter bestreichen.

Die Deckschicht des *baklava* mit einem scharfen Messer diagonal so einschneiden, dass ein Rautenmuster entsteht. Das Gebäck in den vorgeheizten Backofen schieben. Nach 30 Minuten die Temperatur auf 150 °C reduzieren. Das *baklava* noch etwa 45 Minuten weiter backen, bis die Oberfläche goldbraun ist. Aus dem Ofen nehmen und mit dem abgekühlten Sirup übergießen; dabei sollte möglichst viel Sirup in die Einschnitte dringen. Vor dem Servieren gut abkühlen lassen.

Salat aus Trockenobst und Nüssen

Die osmanische Küche orientierte sich stark an den Produkten der jeweiligen Jahreszeit. Bis heute ist es in der gesamten Region üblich, im Herbst Früchte zu konservieren. Für nicht ausgereifte, in Kühlschiffen aus fernen Ländern importierte Früchte, wie wir sie in den Supermärkten kaufen, hat man dort wenig übrig. Statt dessen trocknet man lieber vollreife Feigen, Weintrauben und Aprikosen in der Sonne. Durch ihren hohen Zuckergehalt konservieren sie sich gleichsam selbst. Man kann diese Früchte gut während des Tages zwischendurch essen oder für eine winterliche Süßspeise in aromatisiertem Wasser einweichen, bis sie wieder schön saftig sind, und dann mit Nüssen vermischen.

Dies ist ein libanesisches Rezept. In der Türkei werden die Früchte meistens in Flüssigkeit weich gegart, aber mir gefällt die durch langes Einweichen erzielte elastische Beschaffenheit besser. Wenn Sie nicht so viel Zeit haben, können Sie die Früchte auch über Nacht einweichen und danach in etwas Wasser dünsten, bevor Sie das aromatisierte Wasser und die Nüsse hinzufügen.

375 g getrocknete Aprikosen;
250 g getrocknete Feigen; 250 g Sultaninen;
125 g feiner weißer Zucker;
2 EL Rosen- oder Orangenblütenwasser;
125 g abgezogene Mandeln oder eine
* Mischung von Mandeln und Pistazien*

Die getrockneten Früchte in eine große Schüssel geben, mit Zucker bestreuen und mit dem Rosen- oder Orangenblütenwasser beträufeln. Die Früchte knapp mit Wasser bedecken und an einem warmen Platz 48 Stunden einweichen lassen. Anschließend mit den Nüssen vermischen und vor dem Servieren gut kühlen.

Variante Nach Belieben können Sie anstelle von Mandeln und Pistazien auch Walnüsse und Pinienkerne verwenden.

Süßwarenhändler im syrischen Aleppo.

Süßspeise aus Brot und Sauerkirschen

Diese sommerliche Süßspeise aus der Türkei hat ihre tiefrote Farbe von den Sauerkirschen, die zunächst zu Kompott bzw. Konfitüre verarbeitet wurden.

385 g Sauerkirschkompott oder -konfitüre;
10 Scheiben Weißbrot, Rinde entfernt; Sauerkirschsaft

Das Sauerkirschkompott bzw. die Konfitüre in einen Topf geben und bei schwacher Hitze unter ständigem Rühren langsam zerlassen. Die Brotscheiben leicht toasten. In eine Glasschüssel zunächst eine Schicht Brot legen. Darauf die Kirschmasse und ein paar Esslöffel Kirschsaft verteilen. Auf diese Weise noch drei oder vier weitere Lagen aufschichten; dabei jeweils so viel Kirschsaft auf das Brot träufeln, dass es gerade rot gefärbt ist. Mit einem Teller bedecken und diesen beschweren und die Speise vor dem Servieren für mindestens 12 Stunden in den Kühlschrank stellen. In der Türkei wird dazu traditionell *kaymak* gereicht, eine dicke Sahne aus Büffelmilch. Sie können statt dessen Crème double oder Crème fraîche verwenden.

Rosenblüten-Sorbet

Die erste Hauptstadt des Osmanischen Reiches war Bursa, gegenüber von Konstantinopel auf der anderen Seite des Marmara-Meeres an den Hängen des Berges Uludağ gelegen. Von dessen schneebedecktem Gipfel wurde im Frühjahr Eis geholt, um daraus erfrischende Sorbets zuzubereiten, die mit Zutaten wie Rosen- oder Orangenblütenwasser aromatisiert wurden. Dieses sehr delikat aussehende rosafarbene Rosenblüten-Sorbet entstammt dieser Tradition.

*1/2 l Wasser; 125 g Zucker; Saft von 1 Zitrone;
2 EL Rosenwasser; 385 g Rosenblütenkonfitüre*

Das Wasser mit dem Zucker zum Kochen bringen und danach bei reduzierter Temperatur 5 Minuten köcheln lassen, bis ein leichter Sirup entsteht. Den Sirup etwa 15 Minuten abkühlen lassen. Anschließend den Zitronensaft, das Rosenwasser und die Rosenblütenkonfitüre einrühren.

Die Flüssigkeit in ein großes, flaches Gefäß gießen, das in das Gefrierfach Ihres Kühlschranks passt, und 4 Stunden gefrieren. Zwischendurch stündlich mit einer Gabel durchrühren, um die entstandenen Eiskristalle zu zerstoßen. Sie können das Sorbet auch länger im Gefrierfach lassen, müssen es dann jedoch 20 Minuten vor dem Servieren herausnehmen und gründlich durchrühren, bevor Sie es auf Schälchen verteilen.

Anmerkung Rosenblütenkonfitüre bekommen Sie in den meisten Geschäften, die auf türkische, griechische, zypriotische oder mittelöstliche Lebensmittel spezialisiert sind.

In Flaschen abgefülltes Rosenwasser.

Türkischer Honig und Kaffee

Türkischer Honig und Kaffee Die Damen des Harems brauchten sich bei Naschzeug keine Hemmungen aufzuerlegen, da üppige Rundungen dem Schönheitsideal entsprachen. Von allen Süßigkeiten erfreute sich *lokum* besonderer Beliebtheit, das Konfekt, das bei uns „Klassischer Türkischer Honig" genannt wird und dessen vollständige Bezeichnung *rahat lokum* „Erquickung für den Schlund" bedeutet. Ganz im Gegensatz zu den furchtbar süßen, grell gefärbten Erzeugnissen aus industrieller Produktion ist echter *lokum* von elastischer Beschaffenheit und von sehr feinem Geschmack.

Den besten *lokum* der Welt soll es bei „Haçi Bekir" in Istanbul geben, einem Geschäft, das schon seit über 200 Jahren existiert und noch immer viele Kunden anzieht. Der Laden wurde 1777 von Haçi Bekir begründet und hat mit seinen holzgetäfelten Wänden und den gewaltigen *halva*-Blöcken im Schaufenster seine herrlich altmodische Atmosphäre bewahrt.

GEGENÜBER: *Türkischer Kaffee und Lokum.* UNTEN: *Stände mit Süßigkeiten auf Basaren in Istanbul – ein Schild preist „Türkisches Viagra" an.*

Einer an der Wand prangenden Urkunde ist zu entnehmen, dass sein *lokum* auf der Weltausstellung in Brüssel 1897 mit einer Goldmedaille ausgezeichnet wurde. Der Kunde kann zwischen etlichen Sorten wählen – von Varianten mit Pistazien oder Mandeln bis hin zu hellrosa Würfeln, die mit Rosenwasser parfümiert sind. Nach dem stetigen Kundenstrom zu urteilen ist *lokum* heute noch genauso populär wie zu Zeiten der Sultane.

Kaffee

Kaffee kam in der Mitte des 16. Jahrunderts aus dem Jemen ins Osmanische Reich. „Der muss wohl erst aus dem Jemen geliefert werden" ist auch heute noch ein beliebter Ausspruch, wenn Türken auf ihren Mokka im Café warten müssen. Das erste öffentliche Kaffeehaus wurde im Jahr 1554 von zwei Syrern in Konstantinopel eröffnet, hundert Jahre bevor Kaffeehäuser in Paris und London aufkamen. Es war anscheinend der türkische Botschafter in Paris, der die Franzosen mit dem Kaffeegenuss bekannt machte. Und es war ein Armenier aus dem Osmanischen Reich, der im 17. Jahrhundert das erste Pariser Kaffeehaus eröffnete. Schon bald avancierte Kaffee zum bevorzugten Getränk, und das, obgleich ein türkischer Zeitgenosse ihn als „den schwarzen Feind des Schlafes" beschrieb, der „die Glieder schwächt

und dich alt und krank macht". In der Hauptstadt Konstantinopel waren Kaffeehäuser bekannt als Treffpunkte, an denen lautstark über Politik diskutiert wurde. 1712 unternahm man von offizieller Seite sogar den Versuch, sie zu schließen, um weitere Unruhe zu verhindern. Doch kaum hatte eines zugemacht, eröffnete an anderer Stelle ein neues. Im heutigen Istanbul sind Kaffeehäuser noch immer ein sozialer Mittelpunkt, zumindest für den männlichen Bevölkerungsteil – zu jeder Tageszeit kann man Türken über ihren Kaffeetassen sitzen sehen und über die heutigen Zustände lamentieren, Pläne für die Zukunft schmieden, Geschäfte abschließen und die Regierung kritisieren hören.

Türkischer Kaffee wird in kleinen Tassen stark und süß serviert. Er wird traditionell in einem *cezve*, einem kleinen Kupfertopf mit langem Griff, zubereitet. Zunächst bringt man darin Wasser mit Zucker zum Kochen. Dann rührt man eine nicht zu knapp bemessene Menge sehr fein gemahlenes Kaffeepulver hinein. Die dicke Flüssigkeit lässt man nicht nur einmal, sondern viermal nacheinander wieder aufkochen. Der Kaffee wird noch schäumend in kleine, dickwandige Tassen gegossen. Wahre Meister dieser Kunst haben ein Gespür für genau das richtige Mengenverhältnis von Wasser, Zucker und Kaffee.

Ein Straßencafé in Syrien.

Eingelegte Früchte und Gemüse

Die Winter können in dieser Region – im Bergland des Balkans ebenso wie in der anatolischen Hochebene – bitterkalt sein. Damit man selbst bei Eis und Schnee noch ausreichend Gemüse und Früchte zu essen hat, wird im Herbst unermüdlich eingemacht und eingelegt. Vieles von dem, was aus der Notwendigkeit zur Konservierung geboren wurde, gilt mittlerweile als Delikatesse. Da sind zum Beispiel die langen, grünen Paprikaschoten, ohne die ein *meze* aus türkischer Sicht unvollständig ist; oder die im Libanon beliebten leuchtend violetten Rüben, die ihre Farbe Rote-Bete-Saft verdanken; oder die roten Pfefferschoten, die vollreif in der Sonne getrocknet werden, um während des langen, kalten Winters Pilaws zu würzen; und als süßer Abschluss der Mahlzeit ein paar in Zuckersirup eingelegte Früchte oder gar ein Teelöffel von dem konzentrierten Traubensaft, der *pekmez* genannt wird.

GEGENÜBER: Zum Trocknen aufgehängte rote Pfefferschoten. *OBEN:* Eine Auswahl sauer eingelegter Gemüse.

Kandierter Kürbis

Diese kandierten Kürbisstreifen kommen besonders gut bei den türkischen Kindern an. Sie lieben es, auf dem Weg zur Schule die zuckrigen gelben Streifen zu lutschen.

1 Stück Kürbis (1kg); 150 ml Wasser; 250 g Zucker

Die Kürbisschale und -samen entfernen und das Fruchtfleisch in dünne Streifen schneiden.

Das Wasser mit dem Zucker in einen großen, weiten Topf geben und langsam zum Kochen bringen; dabei ständig rühren, bis der Zucker aufgelöst ist. Die Kürbisstreifen möglichst in einer Schicht nebeneinander in den Topf legen und in dem Sirup 45 Minuten schwach köcheln lassen. Zwischendurch regelmäßig umrühren, damit sie nicht zusammenkleben. Am Ende der Kochzeit sollte der Kürbis sehr weich sein und glasig aussehen.

Die Kürbisstreifen so auf einem mit Backpapier bedeckten Backblech verteilen, dass sie sich nicht berühren. Den Backofen auf die niedrigste Stufe schalten und das Backblech hineinschieben. Die Kürbisstreifen etwa 12 Stunden im Backofen trocknen. Nach dem Abkühlen ist der Kürbis knusprig.

Variante Anstatt den Kürbis im Ofen zu trocknen, kann man ihn auch im Sirup abkühlen lassen und noch 1 EL Rosenwasser hinzufügen. Zum Servieren in kleine Glasschälchen füllen und mit einem Häubchen Crème fraîche und Walnüssen garnieren.

Zubereitung von Pekmez in Yassiçal, Türkei.

Ein Verkaufsstand mit konservierten Früchten am Straßenrand im ländlichen Thessalien im östlichen Griechenland.

Löffelsüßigkeiten Diese *glikó* genannte Nascherei – in Zuckersirup eingelegte kleine Früchte oder Stücke von größeren Früchten – wird in Griechenland dem Gast als Willkommensgruß auf einem kleinen Löffel gereicht, zusammen mit einem Glas frischem Wasser. *Gliká* sind zwar recht süß, haben zugleich aber einen feinen Fruchtgeschmack. Am beliebtesten sind grüne Feigen, Kirschen, Aprikosen und Quitten, aber ich habe auch schon süß eingelegte junge grüne Tomaten und kleine Auberginen angeboten bekommen. In der Türkei werden sie mitunter auch als Nachtisch gereicht. Löffelsüßigkeiten kaufen Sie am besten im Fachgeschäft, es sei denn, Sie haben Spaß am Einmachen. Umseitig finden Sie zwei einfache Rezepte für Sirupfrüchte.

Quitten in Sirup

Im Herbst sieht man auf den türkischen Märkten goldgelbe Quitten. Wegen des feinen Duftes, den sie ausströmen, war es zu Großmutters Zeiten üblich, eine Schale mit zwei oder drei Quitten in die Küche zu stellen, die – wie auch Pomeranzen – für Wohlgeruch sorgen sollten. Heute sind Quitten bei uns leider etwas in Vergessenheit geraten, wahrscheinlich, weil das harte, bittere Fleisch roh ungenießbar ist. In der Küche des Nahen und Mittleren Ostens hingegen sind die Früchte weiterhin beliebt, ob zusammen mit Fleisch gegart *(Rezept S. 97)*, zu Konfitüre gekocht oder, wie hier, langsam in Sirup gargezogen.

2 große Quitten (etwa 800 g); Saft von 1 Zitrone;
4 Nelken; 200 g Zucker; 1/2 l Wasser; 1 grüner Apfel

Die Quitten schälen und der Länge nach vierteln. Mit einem scharfen Messer das harte Kerngehäuse herausschneiden; 7 oder 8 Kerne aufbewahren. Die Quittenviertel in einen großen, schweren Topf legen, in dem sie nebeneinander Platz haben. Dann rasch mit Zitronensaft begießen, damit sie sich nicht verfärben.

Die Nelken, die zurückgelegten Quittenkerne, den Zucker und das Wasser hinzufügen. Den Apfel schälen und über die Quitten raspeln. Den Topf zudecken und die Quitten in der Flüssigkeit bei schwacher Hitze 1–1 1/4 Stunden garen; zwischendurch hin und wieder mit dem Sirup begießen. Die genaue Garzeit hängt vom Reifegrad der Früchte ab. Sie sind fertig, wenn sie zwar noch ihre Form bewahren, sich bei leichtem Druck aber weich anfühlen und einen zartrosa Farbton angenommen haben.

Die Quitten behutsam aus dem Topf heben und in eine Servierschüssel legen. Die Temperatur unter dem Topf auf mittlere Hitze heraufschalten und den Sirup im offenen Topf unter ständigem Rühren etwa 10 Minuten köcheln lassen, bis er auf eine fast geleeartige Konsistenz eingekocht ist. Die Quitten mit dem Sirup übergießen und vor dem Servieren noch etwas abkühlen lassen. (Die Kerne und Nelken können Sie nach Belieben herauspicken, ich selbst mache mir nicht die Mühe.) Die Früchte sind dekorativ anzuschauen und schmecken besonders köstlich, wenn man sie noch warm mit süßer Sahne oder Crème fraîche serviert.

Feigen in Sirup

Feigen kann man infolge der Kühlung während des Transports bei uns leider nie voll ausgereift erhalten. Auf die hier beschriebene Weise zubereitet, kommt ihr Aroma aber dennoch sehr gut zur Geltung.

500 g frische nicht ganz ausgereifte Feigen;
Saft von 2 Zitronen; 500 g Zucker;
1 Zimtstange; sterilisierte verschließbare Gläser

Die Feigen gut waschen und abtrocknen. Kleine Exemplare vierteln, größere achteln. Mit dem Zitronensaft übergießen und 10 Minuten stehen lassen.

Die Feigenstücke mit dem Zitronensaft in einen schweren, säurefesten Topf (etwa aus Edelstahl oder Emaille) geben. Zucker und die Zimtstange hinzufügen und die Früchte bei niedriger Temperatur erhitzen. 15 Minuten köcheln lassen und dabei den Topf hin und wieder rütteln – durch Rühren könnten die Früchte leicht beschädigt werden. Die Mischung abkühlen lassen und anschließend mit dem Sirup in die sterilisierten Gläser füllen.

OBEN VON LINKS: *Weidende Tiere im albanischen Hochland bei Dukagjin; Apfelernte bei El Mali in der Türkei; Sesamdreschen bei Patara, Türkei.*

Ein Besuch in einem Bergdorf

Ein enges Sträßchen führte in Schwindel erregender Höhe eine steile Felswand hinauf, und ich fing an, meinen Entschluss zu der Tour nach Yassiçal zu bereuen. Das Bergdorf liegt hoch oberhalb der am Fluss Yeşilırmak gelegenen Stadt Amasya. Doch angesichts der Vorfreude, mit der mein Begleiter Hüseyin sein Heimatdorf ansteuerte, schien es mir unhöflich, meine Bedenken zu äußern. Als sich vor uns plötzlich eine herrliche Hochebene auftat, waren meine Zweifel schlagartig verflogen. Bei unserer Ankunft im Ort zog – wie zu unserer Begrüßung – eine Gruppe musizierender Männer an uns vorbei. Am nächsten Tag sollte eine Hochzeit stattfinden, und die Musikanten stimmten sich schon darauf ein.

Eine handarbeitende Frau in dem türkischen Städtchen Safranbolu.

Die Hochzeitsvorbereitungen und das schöne Herbstwetter sorgten für ein reges Treiben im Dorf. Zunächst machten wir bei dem größten Haus am Orte Station, wo in einer Ecke des Hofes etwa ein Dutzend Frauen an einem offenen Feuer saßen und Brotteig für das Hochzeitsfest ausrollten und backten. Um das Feuer am Lodern zu halten, wurde regelmäßig etwas von dem Feuerholz nachgeschoben, das ein Esel auf dem Rücken herbeitransportiert hatte. Dann durfte ich die prächtige Aussteuer der Braut bestaunen – wunderschön bestickte Kopftücher und zarte Spitzendecken.

Auf unserem Rundgang durch die Gassen machte Hüseyin immer wieder Halt, um die nähere und weitere Verwandtschaft zu begrüßen. Alle weiblichen Mitglieder der Familie trafen wir im Freien an – eifrig damit beschäftigt, das Festmahl mit vorzubereiten. Eine von ihnen rührte Rüben zur Herstellung von Zuckersirup, eine andere hackte Zwiebeln für Salat, eine dritte war dabei, Schwarzkümmelsamen zu zerstoßen. Wir bewunderten aufrichtig die zum Lüften in die schwache Herbstsonne gehängten Teppiche, kosteten gefüllte Weinblätter, die zusammen mit Ziegenfleisch gegart worden waren, und plauderten – ich mehr schlecht als recht – über einem Gläschen schwarzem Tee, der uns überall angeboten wurde.

GEGENÜBER: Eine Gasse in Safranbolu. UNTEN, VON LINKS: Trocknende Maiskolben; Männer beim Wiegen von Zwiebeln; Musiker in Yassiçal.

Eine Marktszene in Burdur in der Türkei.

Eingelegte grüne Paprikaschoten

Die langen, schmalen grünen Paprikaschoten, die gleichermaßen in der Türkei wie in Griechenland sehr beliebt sind, werden im Herbst auf den Märkten zuhauf angeboten. Häufig in Essig eingelegt, wodurch sie dann auch in den Wintermonaten verfügbar sind, haben sie einen leicht scharfen Geschmack und sind fester Bestandteil eines jeden *meze*. Wer sie roh essen möchte, sei gewarnt – sie können feurig scharf sein. Wenn Sie es nicht so scharf mögen, sollten Sie die Chilischoten in diesem Rezept besser weglassen.

1 kg lange, schmale grüne Paprikaschoten, Stiele gekürzt;
4 EL grobes Meersalz;
3/4 l Weißwein- oder Rotweinessig;
6 schwarze Pfefferkörner; 1 EL Zucker;
2–3 kleine getrocknete rote Chilischoten (nach Belieben);
1 großes Weckglas, sterilisiert

Die Paprikaschoten abspülen und in einen großen irdenen Topf oder eine Porzellanschüssel legen (auf jeden Fall in ein säurefestes Gefäß). 3 EL Salz darüber streuen und so viel warmes Wasser dazugießen, dass die Schoten gerade bedeckt

sind. Die Paprika mindestens 6 Stunden, am besten aber über Nacht, in der Lake stehen lassen.

Den Essig mit dem restlichen 1 EL Salz, den Pfefferkörnern und dem Zucker in einem Topf verrühren und zum Kochen bringen; anschließend 5 Minuten köcheln lassen. In der Zwischenzeit die Paprikaschoten abtropfen lassen, trockentupfen und, mit dem Stielende nach oben, aufrecht in das Weckglas legen. Sofern verwendet, die Chilies hinzufügen. Den heißen Essig in das Glas gießen, mit kochend heißem Wasser auffüllen und vor dem Verschließen des Glases abkühlen lassen.

Die eingelegten Paprikaschoten vor dem Verzehr mindestens drei Wochen an einem kühlen, dunklen Platz stehen lassen. Ungeöffnet halten sie sich mehrere Monate. Nach dem Öffnen sollten sie im Kühlschrank aufbewahrt und innerhalb weniger Wochen aufgebraucht werden.

Variante Auf ähnliche Weise kann man auch gemischte Gemüse einlegen. Eine typische Kombination sind lange grüne Paprikaschoten, Kohlblätter (vorzugsweise von *lahano*-Kohl), in Scheiben geschnittene Möhren und einige abgezogene ganze Knoblauchzehen.

Marinierte Oliven

An einem schönen Herbsttag fuhr ich am Ufer des nord-westtürkischen Izniksees entlang, wo die Bauern der Gegend gerade bei der Olivenernte waren. Das Licht der untergehenden Sonne spiegelte sich auf dem blauen Wasser und schimmerte durch die bis zum Seeufer hinunter reichenden Olivenhaine. Unter den knorrigen Bäumen waren zum Sammeln der Früchte Netze ausgelegt und auf einfachen, selbst gezimmerten Holzleitern standen junge Frauen in den typischen geblümten Kleidern und rüttelten an den Ästen. Hin und wieder kam es auf der Straße zu einem Stau von Traktoren und Anhängern, weil einer der Esel mit einer langen Leiter im Schlepptau den Weg versperrte. Im nächsten Dorf sah ich den Grund für das geschäftige Treiben: Der Aufkäufer der örtlichen Olivenöl-Kooperative war gekommen.

Aber nicht alle Oliven werden zu dem milden, fruchtigen Olivenöl verarbeitet, für das diese Gegend berühmt ist. Später sah ich auf dem Markt in der nahe gelegenen Stadt Bursa, wie türkische Hausfrauen kistenweise glänzende grüne Oliven

zum Konservieren kauften. Diese Arbeit mache ich mir nicht, aber ich lege gern Oliven in einer Marinade ein. Dieses Rezept für marinierte Oliven mit Granatapfelkernen stammt aus der Gegend um die westtürkische Stadt Edremit, hat aber sehr viel Ähnlichkeit mit einer Version von marinierten Oliven, die ich aus der libanesischen Bekaa-Ebene kenne.

250 g schwarze Oliven; 1 gehäufter EL Kapern, abgespült;
1 EL konzentrierter Granatapfelsaft bzw. -sirup;
1 EL Rotweinessig; 2 EL kaltgepresstes Olivenöl;
rote Chiliflocken; 1 kleiner oder 1/2 großer Granatapfel

Die Oliven mit den Kapern in ein irdenes Gefäß geben. Granatapfelsirup, Essig und Öl verrühren und über die Oliven gießen. Mit einer großzügigen Prise Chiliflocken bestreuen und zum Marinieren – am besten über Nacht – beiseite stellen.

Vor dem Servieren die Kerne aus dem Granatapfel sauber herauslösen und zu den Oliven und Kapern geben.

Register

Kursiv gesetzte Seitenzahlen verweisen auf eine Abbildung.

Bildnachweis

Die Herausgeber danken folgenden Fotografen und Agenturen für die freundliche Genehmigung zur Verwendung ihrer Bilder:

4 links Jeremy Horner/Hutchison Picture Library; 4 rechts Trip; 5 John Brunton; 7 Christine Osborne Pictures; 9 Michael Jenner/Robert Harding; 11 Pietro Cenini/Panos Pictures; 14 Sarah Woodward; 15 Caroline Penn/Impact; 16 links C. Bowman/Axiom Photographic Agency; 16 rechts Sarah Woodward; 17 John Brunton; 19 Sarah Woodward; 20 A. Ghazzal/Trip; 23–24 G. Simpson; 27 Sarah Woodward; 28 John Brunton; 31 Robert Frerck/Odyssey/Chicago/Robert Harding; 32 Robert Francis/Hutchison Picture Library; 34 Sarah Woodward; 37 Nigel Lea-Jones/Anthony Blake Photo Library; 41 & 47 Sarah Woodward; 51 Ian Wallace/Food & Travel Magazine; 52 Guy Moberly/Anthony Blake Photo Library; 56–57 Peter Rayner/Axiom Photographic Agency; 59 Nick Tapsell/ffotograff; 60 Sarah Woodward; 68 Sarah Woodward; 69 Alan Keohane/Impact; 70–71 Sarah Woodward; 72 Robert Frerck/Odyssey/Chicago/Robert Harding; 78 Dexter Hodges/Axiom Photographic Agency; 79 Sarah Woodward; 81 Patrick Syder/Anthony Blake Photo Library; 86 Peter Cassidy/Food & Travel Magazine; 87 Andy Stewart/Anthony Blake Photo Library; 87 oben Sarah Woodward; 87 unten Maddie Thornhill/Narratives; 88 Sarah Woodward; 89 Trip; 95 Sarah Woodward; 97 Elizabeth Whiting & Associates; 100 John Brunton; 101 Chris Stowers/Panos Pictures; 102 Nick Tapsell/ffotograff; 107 Fred Friberg/Robert Harding; 108 P. Rayner/Axiom Photographic Agency; 110 links Sarah Woodward; 110 rechts John Brunton; 111 Jeremy Horner/Hutchison Picture Library; 113 Sarah Woodward; 114 Tony Waltham/Robert Harding; 116 Guy Marks/Axiom Photographic Agency; 123 Alan Keohane/Impact; 124 Patrick Syder/Christine Osborne Pictures; 127 D. Shaw/Axiom Photographic Agency; 127 rechts Christine Osborne Pictures; 129 Patrick Syder/Anthony Blake Photo Library; 130 Michael Short/Robert Harding; 132 Sarah Woodward; 133 James Morris/Axiom Photographic Agency; 136 links Rhodri Jones/Panos Pictures; 136–139 Sarah Woodward; 140 C. Bradley/Axiom Photographic Agency.

Der Verlag hat alle Mühe unternommen, um Rechteinhaber ausfindig zu machen, und bittet um Nachsehen für eine unabsichtliche Nichterwähnung; selbstverständlich ist er bei einer Neuauflage gern zu einer Berichtigung bereit.

Danksagung der Autorin

Mein Dank gilt dem Türkischen Tourismusbüro und speziell Joanna Marsh; Turkish Airlines; Ustalik Belgesi für echten „Türkischen Honig" in Safranbolu; Rosemary Barron für die freundliche Einführung; Tania und Serge Hochar of Château Musar für das beste Essen, das ich je im Libanon genoss; Hüseyin von der Ilk Pansiyon in Amasya für die freundliche Einladung in sein Bergdorf Yassiçal; Mr. Kanounji vom Yildizlar-Restaurant, Beirut, für die fantastischen *mezeler*; Elizabeth Payne, die mir in der Südtürkei äußerst gefällig war; John Scott von Cornucopia für seine hilfreiche Führung; Michel und Figen Tesson von Les Jardins de Levissi, Kayaköy; dem Küchenchef des Restaurants Âsitâne, Karayi Oteli, Istanbul; dem Koch des Chbat-Hotels in Bcharrée, der mir die Zubereitung von *kibbeh nayé* erklärte.

Und vor allem Jonathan Gregson, der mich zum ersten Mal anlässlich unserer Flitterwochen mit der Türkei bekannt machte und mich seitdem stets begleitet hat.